Poeme Sur La Naissance De Jesus Christ

Alexandre Morus

POËME

SVR

LA NAISSANCE

DE

IESVS-CHRIST.

SECONDE EDITION,
Reveuë & corrigée

A PARIS,

Chez OLIVIER DE VARENNES, au
Palais, en la Gallerie des Prisonniers,
au Vaze d'or.

M. DC. LXIX.

Avec Privilege du Roy.

A TRES-HAVTE
ET TRES-ILLVSTRE
PRINCESSE
MADAME
MARGVERITE
DVCHESSE DE ROHAN,
PRINCESSE DE LEON,
Comtesse de Porhoüet, & de S. Aulais,
Marquise de Blain, &c.

ADAME,

Ie vous offre le Portrait d'un Dieu naiſ-
fant, à qui Voſtre Alteſſe s'eſt dédiée elle-
même. Il me ſeroit aiſé de remarquer les

traits, & le Caractere de vos Vertus, dans
ce divin Modelle ; Si vous ne l'imitiez sur
tout en cette Vertu, qui luy fit renvoyer
à Dieu son Pere l'encens que l'on luy
presentoit, & refuser l'hommage des
mains, qui le vouloient couronner. Mais,
MADAME, que ne m'eſt-il permis d'imi-
ter auſſi en quelque maniere ceux qui re-
connoiſſant les marques de ſa Divinité,
les publioient, malgré ſes deffences. Faut-
il pour contenter une de vos Vertus, que
je dérobe la gloire de toutes les autres :
Que je cache au Public un de ſes plus
grands Exemples : Et que je perde l'avan-
tage de juſtifier l'excellence de mon choix,
par celle de voſtre Merite, en faiſant voir
que le Tableau d'un Dieu que nous avons
receu de voſtre Sexe, devoit eſtre offert à
celle qui en eſt la Gloire, & l'Ornement.
Si ces raiſons me permettoient de lever ce
voile de voſtre Modeſtie, je ne m'arreſte-
rois pas à ce que vos Anceſtres ont eſté de
ces Hommes divins, que la Parole ſainte
a declaré des Dieux, & des Enfans du
Souverain : Que vous tirez la naiſſance de
ces Dieux viſibles, qui repreſentoient le
Dieu des Batailles, & des Armées, comme

Vous eftes une Image vivante de ce Dieu
de douceur , & de Paix. Il eft vray que
V. A. eft toute brillante de la gloire de ces
Heros du Chriftianifme, de ces Prodiges de
Valeur, qui ont tant de fois meflé leur Sang
à celuy de nos Princes, dans leurs Alliances;
Mais encore plus fouvent à celuy de nos En-
nemis, dans leurs Victoires. Il eft vray
qu'ils ont cueilly des Lauriers fur les Alpes,
& fur les Pyrenées : Qu'ils ont abatu les
Aigles du Nort, & fait trembler les Lyons
du Midy; Mais quelque éclat que vous
tiriez de ces Hommes immortels; Ce n'eft
pas des images de vos Ayeux, que je vou-
drois former la voftre. La Nobleffe de vô-
tre Ame efface celle de voftre Sang, & la
Couronne de vos Vertus eft plus precieufe
que toutes celles de vos Peres. Ie ne m'ar-
refterois point encore à ce rayon de la Di-
vinité dont le Ciel, en meflant les Diadêmes
à voftre Naiffance, imprima la merveille
fur voftre vifage , & répandit l'éclat fur
toute voftre Perfonne. Vos beautez invi-
fibles, & cette Gloire du dedans, que vous
poffedez comme la Fille du Roy des Rois,
font trop au deffus de cette felicité du
Corps, quoy qu'elle foit la Reine des

Cœurs. Ie dirois feulement, que V. A.
communique cét Avantage de la Nature,
& ce caractere de la Divinité, à cette belle
& incomparable famille, en qui l'on peut
dire, que le Ciel Vous a fait produire des
Miracles, pour juftifier voftre Merite, &
le couronner par ces precieux gages d'une
fi glorieufe recompenfe. Ainfi, MADAME,
Vous tirez voftre Gloire de vos Enfans, auffi
bien que de vos Peres, & la fplendeur de
voftre illuftre Maifon fe forme par vne mu-
tuelle communication de Lumieres. Vos
Vertus, MADAME, feroient les plus beaux
traits de voftre Peinture. Ie ferois paroiftre
cette veritable Pieté, fi differente de cette
pieté de montre & de parade, qui n'eft que
le Fantôme du Chreftien. Ie mettrois au
jour les fecrets de cette Charité, dont Vous
prenez autant de foin de cacher les effets,
que les hypocrites en prennent de les faire
paroiftre : De cette Vertu qui Vous fait
multiplier par des chef-d'œuvres de voftre
bonté, le pain des miferables que le Sau-
veur du Monde multiplioit par des Mira-
cles de fa Puiffance. Ie ferois éclatter cette
Conftance, & cette Magnanimité Chré-
tienne, qui Vous a fait porter des Croix,

& des Couronnes d'épines , avec plus de
gloire, que vos Anceſtres n'ont porté des
Sceptres & des Couronnes , où les Roſes
ſe meſloient avecque les Lys. Ie revele-
rois ces auſteritez cachées , ces ſaintes
mortifications , qui rendent V. A. une
Veuve morte en vivant ; mais morte au
Monde, & vivante à Dieu : une Veuve qui
vit dans les delices ; mais dans les delices
du Ciel. Ie ferois triompher cette humi-
lité, dont l'abbaiſſement a je ne ſçay quoy
de ſouverain, & qui dans l'humiliation de
voſtre cœur vous fait trouver l'Empire de
tous les autres. Ie ferois voir que V. A.
n'eſt pas de ces grandeurs orgueilleuſes
dont l'élevation ſuperbe au deſſus des au-
tres hommes ne ſert qu'à les éloigner de
leurs cœurs, & de leurs hommages : Que
Vous ſçavez deſcendre de l'éclat qui Vous
environne , & par ce moyen communiquer
vos Vertus , & recevoir les reſpects que
Vous meritez. Parce que Vous ſçavez qu'il
n'appartient qu'au Dieu du Ciel , & aux
Grands qui le repreſentent , de faire pa-
roiſtre la grandeur de cette Vertu , par
laquelle le Dieu des Dieux a daigné s'allier
à la Nature humaine, pour l'élever au rang

de fa Nature Divine, & pour l'éclairer de
fes lumieres : Que les Dieux de la Terre,
comme celuy du Ciel, ne fçauroient s'éle-
ver qu'en s'abbaiffant, au lieu que les
hommes qui font dans la baffeffe, ne
fçauroient faire des abbaiffemens confide-
rables. De cette humilité de voftre Ame,
je pafferois à la fublimité de voftre Efprit,
qui femble eftre divinement infpiré dans
toutes les belles connoiffances : à eette
haute intelligence qui ne trouve rien dont
elle ne foit capable. Ie pafferois mefme
plus avant, Mais peut-eftre, MADAME,
que j'en ay des-ja trop dit, au gré de vôtre
Modeftie; quoy que tout ce que j'ay dit ne
foit rien, au prix de ce qu'il en faudroit
dire. Voftre Gloire, MADAME, à plus à
craindre de l'impuiffance de mon zele, que
voftre Modeftie de fon excés. Ie pourrois
ajoûter, que la peinture que je Vous pre-
fente de la Naiffance du Fils de Dieu, a
quelque rapport à ce qui fe paffe en la Per-
fonne de V. A. C'eft-là que ce Dieu treuve
une nouvelle Naiffance, & qu'il eft conceu
dans le fein de Voftre Ame, par la vertu
de cét Efprit Divin qui le fit concevoir dans
les flancs de fa Bienheureufe Mere. Voftre

cœur est le Berceau de ce Dieu naissant,
mais un Berceau vrayement Royal, puis-
qu'il touche aux Sceptres & aux Diadémes.
Il n'y naist plus dans sa Creche, mais il y
est sur son Thrône. Il n'y est plus dans un
Antre, & dans un Rocher, mais dans son
Palais, & dans son Temple. Et si V. A.
n'éleve pas des Temples superbes, pour
rehausser l'éclat de sa Creche : elle forme
en elle-mesme un Temple bien plus digne
de sa Majesté sainte, puisqu'il est fondé sur
l'abbaissement & sur toutes les autres Ver-
tus de vostre Ame. Ie n'ay donc pas besoin
de demander à V. A. des yeux favorables
pour un Portrait dont elle a l'Original dans
le cœur. Il est vray que je crains de Vous
presenter une mauvaise copie de la pein-
ture achevée qu'en a faite un des plus
grands Hommes de nostre Siecle. Ie sçay,
MADAME, que Vous possedés des lumieres
qui Vous donnent droit d'en juger souve-
rainement : Que Vous estes l'Oracle des
Esprits les plus éclairés, & que Vous pe-
netrez toutes les Beautez les plus delicates,
& tous les defauts les plus secrets de leurs
ouvrages. Ie ne me flatte que dans la pen-
sée, qu'ayant vni mon Esprit à la Muse ad-

EPISTRE.

mirable de mon Autheur, elle aura peut-
eftre fait comme ces Deeffes qui s'alliant
avecque les Hommes, leur communi-
quoient leur Gloire & leur Immortalité.
Mais dans ce partage de mon Efprit entre
ma Crainte, & mon Efperance, épargnez-
moy, MADAME, une partie de ma con-
fufion, & permettez que je montre au
Public, plus de modeftie, que je ne Vous
en ay fait paroître. Confentez que je me
cache dans la foule de vos Admirateurs, &
qu'ayant mis voftre augufte Nom à la Tefte
de mon Ouvrage, je n'ajoûte que ma voix
à la Renommée de Voftre Alteffe. Ie ne
laifferay pas d'obtenir la gloire où j'afpire,
puifque toute mon ambition eft de Vous
faire connoiftre, qu'il n'y a perfonne au
Monde qui foit avec un zele plus ardent,
& une plus parfaite veneration,

MADAME,

De Voftre Alteffe,

Le tres-humble, & tres-
obeïffant ferviteur, &.

PREFACE.

CE Poëme doit sa naissance à la maladie d'un des premiers hommes de nostre siecle. Ces grandes lumieres de la Terre ont cét avantage, qu'elles poussent souvent de plus vives clartez au milieu de leurs Eclipses, & de leurs deffaillances. Le corruptible s'affoiblit en eux, mais l'incorruptible se fortifie. Les maux du corps augmentent la santé de leurs ames, & le feu de leurs épreuves purifie celuy de leurs esprits. C'est alors que la grace fait briller ses rayons au travers des débris de la Nature : qu'elle fait éclater son flambeau dans ces vaisseaux brisez, & que ces grands hommes pressant des ruines de leur prison, produisent des efforts d'esprit, & de vertu tout extraordinaires: comme si le détachement des sens & de la matiere, les faisant approcher de l'estat des Ames separées, & des purs Esprits, la destruction de leur corps les rendoit tout esprit, & tout Intelligence.

PREFACE.

Le fameux Monsieur MORUS est une preuve bien memorable de cette verité. Il y a deux ans que cét excellent homme estant à l'extremité d'une maladie, en laquelle les Medecins le condamnerent à la mort, au milieu du combat, son courage, & sa vertu Chrêtienne n'ayant plus d'esperance du costé du Monde, appellerent de ce jugement des Hommes à celuy de Dieu. Et pour gagner le cœur de son Souverain Iuge, il luy promit un present bien digne de sa Majesté sainte, puisque c'estoit un sacrifice de loüanges sur la Naissance de son Fils, dont on devoit bientost faire la celebration.

La pieté du malade toucha le Ciel, & Dieu faisant une espece de miracle en sa faveur, fit paroistre comme une Resurrection en sa personne, par les signes qu'il donna de sa délivrance. Cét heureux malade n'attendit point le retour de sa santé pour accomplir son vœu. Et pour rendre plus celebres sa reconnoissance, & la gloire de son Medecin suprême, il voulut composer cét Eloge divin en langue Latine, parce que cette langue estant la plus universelle, & connuë presque par tout le Monde, elle sert de truchement à tous les Peuples, & repare en quelque maniere le mal-heur de la division des Langues.

Cét illustre malade employoit, comme
le

PREFACE.

le Prophete Royal, les jours & les nuits
qu'il paſſoit ſans dormir, en un ſi ſaint
exercice. Ainſi ſon mal au lieu de retar-
der ſon Ouvrage, l'avança par les veil-
les qu'il luy cauſoit. Et l'on peut dire que
ſes douleurs furent comme les tranchées de
cét enfantement ſpirituel. De ſorte que
ſon travail fut bien-toſt conduit à cette
perfection que tous les Sçavans ont ad-
mirée, & conſiderée comme un chef-
d'œuvre de la Poëſie Latine, & de la
pieté Chrêtienne.

Comme il n'y a point de ſujets plus diffi-
ciles à traitter que ceux qui l'ont eſté trop
ſouvent, parce que ceux qui les ont traittez
avant nous, au lieu de nous ayder, nous
ont pris tout ce que nous avions à dire;
C'eſt dans cette difficulté que paroiſt la
force du genie de mon Autheur. Puiſque
dans une matiere la plus rebattuë qui
fut jamais, il a découvert une ſi grande
abondance de beautez cachées, & de
penſées nouvelles, qu'un nombre infiny
d'Autheurs n'avoient pû trouver, par une
recherche de plus de ſeize ſiecles. Mais par
ce moyen il a fait voir que la vie du Fils
de Dieu eſt une ſource inépuiſable de mer-
veilles pour ceux dont les eſprits ſont des
vaiſſeaux capables de puiſer dans cét
abyſme. Et ſi ſaint Iean avoit raiſon de
dire, que le Monde ne pourroit contenir
tous les Livres que l'on en pourroit faire,

PREFACE.

on doit juger qu'au lieu que l'on a de coûtume d'écrire en un seul Poëme la vie de ces hommes du Monde, que l'on appelle des demy-Dieux, la vie de celuy qui n'est pas un demy-Dieu, mais un Homme vray Dieu est capable de lasser toutes les mains, & d'épuiser tous les esprits : & que pour la traitter aussi dignement que l'Esprit humain le peut faire, il ne faut pas entreprendre de faire un seul Poëme de la Vie de JESUS-CHRIST ; mais il faut donner pour le moins un Poëme tout entier à chaque partie. C'est ce qu'a fait nostre Autheur, en nous donnant sur la premiere Partie, qui est la Naissance, ce premier Poëme, lequel nous est peut estre un gage de plusieurs autres, qu'il pourra composer sur les autres Parties de cette Vie adorable du Sauveur du Monde.

J'imiterois ceux qui font des Prefaces plus grandes que leurs Livres, si j'entreprenois de parler de toutes les beautez de cét Ouvrage, soit dans la composition, soit dans la versification de mon Autheur. Je n'aurois jamais fait si je voulois faire voir l'artifice admirable de son Exorde dans l'application à son sujet : les reflexions agreables, & solides sur les causes de la Paix universelle, qui n'est jamais arrivée au Monde qu'à la venuë du Fils de Dieu, & dont les raisons n'avoient point encore esté traittées sur cette matiere : Cét aima-

PREFACE.

ble emportement contre l'inhospitalité de
Bethleem, qui conduit aux Episodes du
Martyre des Innocens, & de la fuite du
Sauveur en Egypte, dont les descriptions
sont si belles, & si touchantes : Le
Triomphe, & la Ioye du Ciel à cette
Naissance :. ses pensées admirables sur
l'Amour & la Misericorde de Dieu dans
l'envoy de son Fils au Monde, où la
plus sublime, & la plus forte Theologie
s'exprime par les graces les plus charman-
tes de la Poësie : la description de l'heu-
reux estat des Bergers, & de la vie rusti-
que : le souhait de l'Autheur, d'avoir
esté de leur nombre, pour former les dis-
cours qu'il fait au Fils de Dieu, & à sa
glorieuse Mere, dont nostre Autheur a
porté si haut le veritable Eloge, pour dé-
tromper les esprits, & desarmer la calom-
nie qui accuse ceux de sa profession de
manquer de respect pour la plus parfaite
de toutes les Creatures : cét abbaissement
de toute la science du Monde au dessous de
la docte ignorance des Pasteurs : ces prieres
si tendres, & si zelées de cette Ame
Chrêtienne pour estre déliurée de ses maux,
& reünie à son Sauveur : ces pensées si
belles, & si saintes sur le détachement de
la vanité du Monde, & ces sentimens
d'vne generosité Chrêtienne capables de
toucher des cœurs de rocher : ces vœux
d'vne sainte retraite ; & d'vn renonce-

ë ij

PREFACE.

ment aux plaifirs des Mufes, & cette re-
ferve fi jufte des vœux pour la délivrance
du Païs de ce divin Sauveur, & pour
l'Eloge de fon Liberateur : Cette occafion
prife fi ingenieufement de toucher les Eloges
des Puiffances Souveraines, dont l'Au-
theur a receu tant de glorieufes faveurs,
& fur tout le Panegyrique abregé du pre-
mier des Princes : & tant d'autres beau-
tez fe prefentent en foule à mon Efprit,
que je me contenteray de dire qu'on n'en
devoit pas moins attendre d'un homme
que les plus fçavans hommes de l'Europe
ont confideré comme un des premiers hom-
mes du Monde dans la Republique des
Lettres : d'un homme que fes envieux
admirent, & dont les ennemis mefmes
ont fait l'Eloge : d'un homme que fes ta-
lens miraculeux ont rendu l'ornement de
fa Patrie, & la furprife de fon Siecle :
d'un homme enfin en qui le Ciel femble
avoir voulu montrer jufqu'où pouvoit
aller la force de l'efprit humain dans
l'union d'une Doctrine fubtile, & folide,
avec une prodigieufe, & inimitable Elo-
quence.

Mais puis qu'il s'eft trouvé des hommes
qui ont ofé critiquer l'Art de Dieu, dans
la compofition de l'homme qui eft le Mi-
racle de la Nature, & que l'Apoftre
appelle en Langue Grecque le Poëme de
Dieu : Il ne faut pas s'eftonner fi les cri-

PREFACE.

tiques ont trouvé des defauts dans ce
Chef-d'œuvre de mon Autheur, que je
feray voir estre plûtost des beautez, &
l'on doit croire qu'un Ouvrage est bien
achevé, où l'on ne trouve à blâmer que
des choses dignes de loüange.

Quelques-uns disent que son stile est
obscur, mais cette obscurité n'est que dans
les esprits qui manquent de lumiere, &
de connoissance des Poëtes Latins. Car il
est vray qu'il y a plusieurs termes, & plu-
sieurs façons de parler rares & singulie-
res. Mais il n'y en a pas une, que je n'aye
remarqué dans Virgile, ou dans Lucrece,
ou dans Ovide, ou dans quelqu'autre des
plus excellens. Et ceux qui ont le goust fin
dans la Poësie Latine, sçavent que ces sor-
tes d'expressions en sont des plus grands or-
nemens, & font voir la difference du stile
des Poëtes Modernes qui les ignorent, d'a-
vec celuy des Anciens, ausquels elles étoient
familieres.

Quelques-autres ont dit, qu'il n'y avoit
pas d'invention dans l'ordre du Poëme,
parce qu'il ne commence pas par quelque
evenement tiré du milieu de l'Histoire qui
soit comme la clef de toutes les autres a-
vantures. Mais outre que mesme dans les
sujets profanes, il y a plusieurs exemples de
Poëmes qui suivent l'ordre des Temps,
nonobstant les maximes contraires, &
que des Esprits des plus solides les ont pro-
ë iij

PREFACE.

ferez aux autres , parce que c'eſt vn
baſtiment plus regulier, ou l'Eſprit prend
plus de plaiſir à voir toutes les beautez
placées en leur rang , au lieu que dans
les autres , il faut que la memoire ſe fa-
tigue pour r'appeller les auantures diſper-
fées , & diſpoſer les graces qui ſont en
confuſion.

D'ailleurs dans les matieres diuines cet
ordre eſt plus important que dans les pro-
fanes ; Et comme Dieu n'eſt pas vn Dieu
de confuſion , mais vn Dieu d'ordre : Il me
ſemble que ſa Vie pour eſtre traittée auec
bien-ſeance doit eſtre traittée auec ordre ,
& que le Sainct Eſprit eſtant au deſſus
de nos baſſes regles , & du caprice de nos
plaiſirs & de nos inclinations deſordonnées
doit tirer l'ordre de ce Chaos , & placer
toutes choſes en leur rang dans le Monde
de la grace, comme il fit dans celuy de la
Nature.

D'autres ont trouué à dire , qu'il n'y
auoit point de fiction, parce qu'ils eſtiment
qu'elle eſt de l'eſſence de la Poëſie, par vne
erreur qui s'eſt rendue ſi commune , que
le contraire paſſe pour vn paradoxe. Mais
i'eſtime que c'eſt vn paradoxe plus veri-
table que l'erreur qui s'eſt rendu ſi vni-
verſelle.

Car premierement pour les matieres
ſaintes, elles l'ont deſia preſque gagné ſur
les profanes , & pluſieurs Autheurs ont

PREFACE.

souftenu fort judicieusement que le Chriftia-
nifme eftoit le temps de la Verité, comme
le Paganifme avoit efté celuy du Menfonge,
& que l'Efprit de l'Evangile a mis dans
celuy des Chreftiens un fi grand mépris
pour les Fables, qu'ils ne peuvent fouffrir
fans repugnance qu'on les mefle avecque
les Veritez divines, & fans une efpece de
pudeur pour cet indigne mélange, qui leur
fait perdre la plus grande partie du plaifir
qu'ils pourroient recevoir des plus beaux
ouvrages de la Poëfie, & de cette fatis-
faction qui eft une des principales inten-
tions du Poëte.

Mais ie paffe plus avant, & veux taf-
cher de detromper nos Autheurs, en faifans
voir que fans diftinguer les fujets faints,
ou profanes, la fiction n'a iamais efté de
l'effence, mais feulement des accidens de la
Poëfie. Ie n'en veux d'autre Iuge que celuy
que tous reconnoiffent pour fouverain en
cette matiere, & j'avoüe que ie ne puis
affez m'étonner qu'Ariftote eftant fi for-
mel fur ce point, il ait efté fi mal entendu.
Car ce Genie de la Nature dans fon mer-
veilleux traitté de l'Art Poëtique, parlant
du plus noble genre de tous les Poëmes qui
eft l'heroïque, nous enfeigne que c'eft une
imitation, ou une peinture des grandes
paffions, & des vertus heroïques, pour ex-
citer les hommes à les imiter, foit que les
actions, & les evenemens foient imaginai- Ari∫t. de arte
                                            poëtica cap.
                                            3.

PREFACE.

ὗ τ̃ μὶ γὶ.
ιομαρα λε
γαιι τ̃υτο
ποιητὴ ἐρ-
γον ὅἶι,
ἀλλα οἷα
αῦ γινόι-
το.
Poëta pro-
prium non
eſt narrare
res quemad
modum geſtæ
ſunt, verùm
quales eſſe o-
portet authe-
ri. Heinſius
ibi.

ποιητὴς
μιμᾶ ταἰ
ταἶς πεἆ-
ξεις, καϊ
ἆεα ουμ-
βῆ, γινό-
μαια μᾶι
ὅυδεν' ϯ
Hον ποιη-
τὴς ὅἶι.
Poëta imita-
tur actiones,
quare quàm-
quam eveniat
vt res factæ
ac veras car-
mine deſcri
bat , nihil
ominus poë
ta eſt. He-
ſindus.

res, ou veritables. Et en effet, ayant dit au commencement du neuſiéme Chapitre, qu'il n'eſt pas de l'eſſence de la Poëſie, de peindre les choſes comme elles ſont, mais de les peindre comme elles doivent eſtre (d'où vient qu'il dit que la Poëſie eſt plus ex-cellente que l'Hiſtoire, parce que l'Hiſtoire peint les choſes comme elles ſont, & non pas comme elles doivent eſtre.) Il adjouſte en ſuite que le Poëte imite les actions hu-maines, & qu'encore qu'il repreſente les choſes comme elles ont eſté faites, & dans la verité, il n'en eſt pas pour cela moins Poëte : l'eſſence donc de la Poëſie Heroïque conſiſte ſimplement dans cette abſtraction, de repreſenter les grandes Vertus, & les grandes actions, telles qu'elles doivent eſtre. Et l'on peut dire que ce n'eſt que par accident, à cauſe du defaut, & de l'imperfection des actions humaines que le Poëte eſt contraint de recourir à la fiction, comme les Peintres font des Portraits de fan-taiſie, plus beaux que les Portraits tirez a-prés le naturel. Car le Poëte qui preſte à ſon Heros des qualitez, & des avantures qu'il n'a pas, le loüe en Peinture, & le blâme en effet ; puis qu'il avoüe tacitement, que ſa vie n'eſt pas aſſez belle, & ſes vertus aſſez grandes, pour faire un Exemple Heroïque dans la verité. Ainſi le Poëte corrige les defauts de la Nature par une nouvelle Creation. Il trouve des eſpaces imagi-

PREFACE.

naires au milieu du Monde pour enformer
un nouveau, à l'imitation de Dieu, que
le Symbole pour dire en grec qu'il est Crea-
teur, appelle le Poëte du Ciel & de la
Terre.

Mais lors que le Poëte trouve des obiets
veritables aussi excellens, ou plus excel-
lens que ses Idées, n'est-il pas raisonnable
qu'il prefere la verité à la fiction. Et puis
que dans l'Histoire sainte l'obiet veritable
est infiniment plus excellent que tous les
efforts de l'imagination de tous les Poëtes
du Monde. Il me semble que ce n'est pas
seulement blesser les Loix du Christianisme,
mais toutes les maximes de la raison & du
bon sens, de ne se contenter pas d'avoir
pour la matiere de son Poëme les vertus,
& les actions plus qu'heroïques, & di-
vines d'vn obiet souverainement parfait,
sans y vouloir mesler les foiblesses de nostre
Imagination, comme si nous voulions ad-
iouster des rayons à ce Soleil infini qui est
la source de toutes nos lumieres.

Aussi Scaliger a fort bien remarqué que
le nom de Poesie ne vient pas de la fiction,
comme la plus-part s'imaginent, mais de
la composition qui est distinguée de la ver-
sification, & se mocque de bonne grace de
ces Critiques qui veulent nier que Lucain
soit Poete, parce qu'il represente vne Hi-
stoire veritable. Car il dit que par cette
raison, Lucain a moins perdu la qualité

Scalig: lib.
1. c. 2. Poëti.
Poëta nomé
non à fingen-
do, vt puta-
runt, sed à
faciendo ver-
su dictum est.
Ibid. Livium.
Potius Poëta
nomen me-
ruisse, quàm
Lucanum a-
misisse censeo.
Ibid. Ariosto;

PREFACE.

teles: Empedoclem quoque, qui nihil fingit, appellat. murrhi.

de Poete, que Tite-Live ne l'a merité, puis que Tite-Live fait dire vn grand nombre de harangues qui n'ont iamais esté prononcées, & qu'Aristote qui distingue si bien la versification de la Poesie, ne laisse pas de donner la qualité de Poete à Empedocles qui ne represente que la verité, sans mélange d'aucune fiction. Ie laisse à part ceux qui ne se contentent pas de mesler la fiction à la Verité dans les matieres saintes, mais qui luy associent encore le mensonge, qui est directement contraire à la Verité, comme la pluralité des Dieux, & les crimes que les Poetes anciens leur attribuoient. Car cette imitation du Paganisme ne se souffre plus que dans les matieres profanes, & encore avec beaucoup de retranchement de la Mythologie, dont les premiers Poetes François estoient trop remplis. Mais pour les matieres saintes, la Verité n'y souffre pas plus le mensonge que la lumiere souffre les tenebres, & que l'Arche souffroit les Idoles. Ceux qui les allient ensemble veulent vnir Iesus Christ à Be'ial, mettre les faux Dieux dans le Sanctuaire, & l'Enfer pour ainsi dire dans le Paradis. Mais parce que la simple fiction porte l'aparence & le nom du Mensonge, la Verité sainte, plus chaste que les veritez profanes ne les souffre qu'avec une contrainte qui donne beaucoup plus de peine que de plaisir au Lecteur qui a l'esprit du

PREFACE.

Chriſtianiſme. Toute la fiction qui eſt per-
miſe au Poëme ſacré conſiſte dans la pein-
ture des diſcours & des ſentimens, & non
pas des actions. Ainſi noſtre Autheur fait
dire aux Perſonnages de ſon Poeme pluſieurs
choſes qu'ils n'ont iamais dites, parce que
cette liberté ſe permet dans toutes les hiſtoi-
res qui n'en paſſent pas pour moins verita-
bles, & elle eſt meſme neceſſaire parce qu'il
faut que l'imagination de l'Autheur ſup-
plée au defaut de la memoire des témoins
qui n'ont pas pû raporter exactement les
meſmes termes, & les meſmes penſées de
ceux dont il raconte l'hiſtoire. Ainſi les
matieres ſaintes peuvent encore avoir une
autre ſorte de fictions qui regardent les
figures du diſcours. La parole ſainte &
le Fils de Dieu meſme les ont ſouvent
employées, mais ſeulement comme des
paraboles & des comparaiſons, & non
pas comme des narrations-hiſtoriques. Ie
ne ſçay ſi les Critiques entreront dans ces
ſentimens, mais ie croy qu'ils pourront
dire, que ie fais du moins une faute excu-
ſable, de prendre le party de la Verité,
contre celuy de la fable & du Menſonge.
   Il y en a qui diſent que l'Autheur a
trop exageré le mépris que ceux de Be-
thleem firent de la ſainte Vierge, & de
ſon Epoux ; Mais ie prie ces Meſſieurs de
conſiderer que puis que les Peres de l'Egliſe
ne l'ont pas moins pouſſé dans la Proſe,

PREFACE.

on ne le peut blâmer dans la Poësie.
Et puis que le Martyre des Innocens fut
la punition de ce mépris , & de cette in-
hospitalité. Il faut ou que leur Critique
accuse Dieu mesme d'avoir poussé trop
loin sa vengeance, ou qu'ils reconnoissent
la prudence Chrestienne de cét excellent
Autheur qui s'est servy fort adroitement
de la liberté de la Poësie pour mieux faire
voir par cette exaggeration la proportion
de la faute avec le chastiment , & iusti-
fier plus evidemment , pour ainsi dire,
la Iustice divine contre ses accusateurs
qui ne considerent pas que la grandeur
de l'offence doit mesurer la qualité de
l'offence.

Ils adioustent que cette Episode du
Martyre des Innocens & celle de la fuite
en Egypte, semblent trop longues, & hors
du suiet de la Nativité. Mais outre que
la raison precedente en fait voir la con-
nexité , puis que cette premiere Episode
estant le chastiment de la dureté des Beth-
leemites, la seconde est le suiet du repro-
che que lEgypte doit faire contre Bethleam,
lors qu'elle s'élevera contre elle dans sa
derniere condamnation. D'ailleurs il fau-
droit bien plutost blâmer les meilleurs
Poëmes heroïques qui employent des Sy-
billes , des Oracles, & des Propheties
pour predire des histoires beaucoup p'us
éloignées de leur sujet, & qui n'ont d'au-

tre

PREFACE.

 tre connexité que celle des siecles, & des
Genealogies. Au lieu qu'il faut admirer
l'artifice de nostre Poëte, qui sans aller
chercher le païs des fictions, & dans les
termes de la seule Verité, fait que son rai-
sonnement, & sa prevoyance tiennent
lieu d'Oracle, & de Prophetie pour la nar-
ration de deux histoires si memorables.
Ainsi, quoy que ie ne sois pas obligé de ga-
rantir la composition de cét ouvrage, mais
la seule versification; il me semble qu'à
parler sans passion, i'ay eu sujet de croire
qu'on n'en a blâmé que des beautez; &
que ses defauts imaginaires sont des gra-
ces, & ses taches apparentes, de veritables
lumieres.

Aussi ses admirateurs ayant fait beau-
coup plus de bruit, que ses critiques; ceux
qui entendoient ces acclamations, mais
qui n'entendoient pas la langue Latine, té-
moignerent un empressement extréme d'en
voir une traduction. Cet illustre Autheur,
pour se delivrer de la persecution qu'on luy
faisoit de tous costez, & estant d'ailleurs
accablé de differentes occupations, me fit
l'honneur de me choisir pour son Interprete.
Ie me vis à mon tour attaqué de toutes
parts; & quoy que ie pusse alleguer que ie
n'étois ny Poëte, ny Traducteur, & que ie
n'en voulois point faire profession, il fallut
que ie fusse l'un & l'autre malgré moy.
L'admiration que i'ay toûjours euë pour

PREFACE.

cét incomparable Genie, & l'authorité des
personnes qui m'en prierent, eurent vn as-
cendant sur mon esprit, dont ie ne pus me
defendre. Il est vray que ie n'acceptay cét
employ que sous deux conditions ; la pre-
miere, que j'aurois la liberté toute entiere
de retrancher, ajoûter, ou diminuer tout
ce qu'il me plairoit dans ma traduction : &
la seconde, que ie ne mettrois ny le nom
de mon Autheur, ny le mien, ny la quali-
té du Poëme à la teste de mon ouurage.
I'exigeay la premiere de ces conditions à
cause de la repugnance que i'ay toûjours
euë pour les traductions, que ie considere
comme vne occupation ingrate, qui don-
ne beaucoup plus de peine, & moins de
gloire que la composition ; si ce n'est à ces
Muses tout à fait steriles qui sont contrain-
tes d'adopter, & d'élever les enfans d'au-
truy, parce qu'elles n'en peuvent point
avoir de leur chef.

I'avoüe que l'on voit dans nostre lan-
gue d'excellens Traducteurs, & capables
de mieux faire que ceux qu'ils traduisent.
Mais ce que i'admire le plus en eux, est la
bonté qu'ils ont, de prester leurs Muses à
des étrangers, ausquels ils n'ont bien sou-
vent nulle obligation. Pour moy ie croy
que les Muses estant les maistresses des Au-
theurs, il faut estre bien bon amy de ceux à
qui l'on en communique les faveurs, &
la reputation. C'est parer vn rival, c'est

PREFACE.

l'habiller à nos dépens : c'est l'enrichir de
nos dépoüilles, c'est luy donner la couronne
& la joüyssance de nostre gloire.

Ie ne dissimule donc point qu'il falloit
estre Monsieur Morus, pour obtenir de
moy cette condescendance : Mais néant-
moins i'ay creu qu'estant son amy, ie ne
devois pas estre son esclave. Ie me suis
donc reservé la liberté de passer au delà de
la Version, de la Traduction, de la Para-
phrase, & de l'imitation mesme ; & sou-
vent ie n'ay pas seulement retranché les
endroits qui me paroissoient moins forts, ou
dont les beautez n'auroient pas passé pour
telles dans le genie, & le caractere de nostre
Langue : Ie n'ay pas seulement amplifié
les lieux que i'ay creu le meriter, & n'ay
pas craint de le faire dés l'entrée du Poë-
me, où les quatorze premiers Vers de mon
Ouvrage, ne répondent qu'aux quatre
premiers de mon Autheur. Ie passe enco-
re plus avant, & souvent ie mesle ma
composition toute pure avec la sienne ; &
ie puis dire que cette liberté n'a pas fait
de tort, & mesme qu'elle estoit necessai-
re à la beauté de l'Ouvrage, parce que la
Langue Latine se contentant bien souvent
de la magnificence de ses expressions, & de
certaines graces qui sont des defauts dans
nostre Langue, il falloit adjoûter à l'ex-
pression la force des pensées & la beauté
des sentimens, qui sont comme l'Ame du

ĩ ij

PREFACE.

la Poësie, le Genie de noſtre Langue, &
le gouſt, & l'Art de plaire de noſtre
Siecle.

Sur tout, ie n'ay pu retenir cét amour
que i'ay pour la compoſition, pluſtoſt que
pour la Traduction, dans l'Eloge de ce grand
Roy qui couronne iuſtement la fin de cét Ou-
vrage, où pour trente Vers de mon Au-
theur, on en trouvera trois cens des miens.
I'avouë que ie n'ay pu m'arreſter en vn
ſi beau chemin, & que ma Muſe a pris
l'eſſor pour porter plus loin la glóire de cét
incomparable Monarque. Le raviſſement
où m'avoit mis vne ſi charmante Idée, ne
me permettoit pas de reſiſter à ſon inſpira-
tion. En vn mot, ie n'eſtois pas maiſtre
de moy-meſme dans l'admiration d'vn
Prince qui l'eſt de tout le monde par ſon me-
rite, & dont l'Empire s'eſtend ſur les cœurs,
& ſur les Eſprits.

Mais ce tranſport de ma Muſe ne l'a
jamais emportée dans le Monde des fictions,
pour y chercher vn portrait de fantaiſie,
& l'appliquer à ce merveilleux Heros, qui
eſt vne preuve convaincante de ce que ie
viens de dire, que la fiction n'eſt pas ne-
ceſſaire à toutes les peintures des Heros, &
des Vertus heroïques : ma plume n'a pas
eu beſoin d: tomber dans la ſervitude des
flatteurs. I'ay peint ce grand Monarque
aprés le naturel. Ie ne l'ay caracteriſé que
de traits qui la diſtinguent aiſément de

PREFACE.

tous les autres. Il est vray que i'ay tasché de porter aussi haut la Nature sublime, & la Verité, que les Panegyriques ordinaires ont accoustumé de porter l'Hyperbole, & le Mensonge, afin que le Mensonge ne triomphàt pas de la Verité, & ne parût pas plus beau que cette fille du Ciel, ce qui est tout le plus grand secret, & la difficulté du veritable Panegyrique, que l'on a iustement décrit vn Mariage pompeux des graces de l'Eloquence, & des Veritez de l'Histoire.

Ie ne puis quitter cét article des Traductions, sans dire à leur gloire, qu'elles ont receu plus d'honneur, que n'en ont iamais eu toutes les compositions, puis que i'ay veu dans la Bibliotheque de feu Monsieur le Cardinal Mazarin, vne Traduction imprimée d'vne partie des Commentaires de Cesar, qui porte le nom de nostre grand Prince, dont la capacité pour toutes choses, voulut imiter dans ses premieres années par des chefs-d'œuvres de sa plume, celuy qu'il devoit surpasser vn iour par les Triomphes de son Epée.

Il ne faut pas s'étonner aprés tant de libertez qui passent toutes les licences Poëtiques, si ie n'ay pas osé mettre au frontispice de ce Poëme que c'estoit vne traduction du Poëme de Monsieur Morus. Ie serois tombé dés le premier pas dans le Mensonge que i'ay si fort condamné, puis

PREFACE.

que ie connois bien que ie ne suis pas assez
habile Traducteur pour donner la qualité
de Traduction à cet Ouvrage. Et si l'on
me répond qu'il le falloit estre, ie n'ay
qu'à repliquer que i'avois eu la permission
de ne l'estre pas : Qu'il n'y a que l'Escri-
ture sainte où l'on ne doit adjouster, ny
diminuer ; & qu'on ne fait point de tort à
vn Autheur, lors que c'est de son consen-
tement. Mais ce defaut du Titre est vn
avantage au Lecteur : car il n'est pas de
ces Titres fanfarons qui promettent plus
qu'ils ne donnent ; au contraire cet Ou-
vrage donne beaucoup de choses que
son Titre ne promet point. Au reste, cette
extension de l'Ouvrage qui vient en par-
tie de la Traduction, & de la Nature de
nostre Langue, & en partie de ma liber-
té, est cause que ie l'ay divisé en deux
Livres pour le delassement des Lecteurs.

Mais pour n'imiter pas ces excuses ordi-
naires, que les Autheurs veulent persua-
der sans aucune preuve, & pour fermer la
bouche à quelques lâches calomniateurs,
qui ont tâché de publier le contraire de ce
que i'ay avancé sur le consentement &
l'approbation de mon Autheur, pour tou-
tes mes libertez. Ie suis obligé de dire qu'il
ne s'est pas contenté de me solliciter de vive
voix, & de me faire solliciter par des per-
sonnes puissantes, & de ses meilleurs amis,
& que i'ay non seulement plus d'vne

PREFACE.

vingtaine de billets qu'il m'a écrits dans les termes les plus touchans, pour m'inviter à publier mon Ouvrage ; mais qu'il m'en a donné une Approbation écrite de sa main, dans laquelle il a mesme ajoûté une exageration qui releve ma Traduction, iusques à condamner en sa faveur toutes les autres Traductions de ce Poëme ; puisque cette Approbation, que ie conserve comme ma garantie indubitable, est conceuë en ces mots.

CE Poëme qui contient environ vingt cahiers, composé par Monsieur P....... & écrit de sa main, est la meilleure, & la seule bonne Traduction du Poëme Latin, intitulé, *Soteria*, *laus Christi nascentis*, que i'ay fait imprimer, en ayant eu la permission de Monsieur le Lieutenant Civil.

MORVS.

Quant au refus que i'ay fait d'y mettre mon nom ; ie ne doute point que ceux qui expliquent toutes chofes malicieusement, ne disent que ie l'ay fait par une humilité superbe ; que ie me suis caché pour me faire chercher ; parce que la Gloire est une Maistresse capricieuse qui carosse ceux qui la méprisent, & méprise ceux qui la carossent : qu'elle est l'ombre de la Vertu, qui fuit ceux qui la suivent, & suit ceux qui la fuyent.

PREFACE.

Ie ne diray point que traitant vn fu-
jet d'humilité , ie fuis plus obligé d'imi-
ter cette Vertu du Sauveur du Monde.
Car pour imiter cét Objet inimitable , il
ne faudrôit donc iamais rien faire impri-
mer , puis que nous ne lifons pas que cét
Autheur de toutes chofes ait iamais écrit
que feulement quelques mots fur le fable,
ou fur la pouffiere : au lieu que les hom-
mes écrivent dans le brenze , & dans le
marbre pour tâcher d'immortalifer leur
vanité. Ie croy que ce divin Sauveur n'a
rien écrit fur le papier , parce qu'il peut
écrire dans les cœurs, fans s'adreffer aux
yeux. Mais il faut que les hommes écri-
vent pour entretenir le commerce des Ef-
prits par celuy des fens : Que noftre lumie-
ré luife devant les hommes, auffi bien que
dans nos Efprits , & que nos Efprits ne
foient pas comme des lanternes fourdes qui
n'éclairent que ceux qui les portent.
    I'eftime mefme qu'il ne faut pas eftre in-
fenfible à la gloire, non pas pour s'applau-
dir , ou pour s'entefter de fes fumées,
mais pour la confiderer comme vn moyen,
plûtoft que comme vne fin. Il faut aymer
noftre gloire , mais pour la faire fervir à
celle de Dieu, & à la confufion des mé-
chans ; & pour acquerir, & conferver des
amis vertueux , & des autres avantages
legitimes de cette vie.
    Cette confeffion ingenuë du fentiment que

PREFACE.

i'ay pour la gloire, suffit ce me semble pour
faire voir que ie n'ay point affecté de la
méprifer. Mais à ne rien déguifer, c'eft
quelque chofe de plus fort que le defir de la
gloire, puis que c'eft la crainte de la honte
qui a rendu des meres parricides de leurs
enfans, & qui m'oblige à ne pas avoüer le
mien.

Cette crainte a eü divers motifs. La
premiere eft la diverfité des fentimens
qu'on a pour la qualité d'Autheur, & par-
ticulierement pour celle de Poëte. Il n'y
eut iamais de profeffion plus loüée, ny
plus blafmée que la Poëfie, & pour qui
l'on ait eu des fentimens plus contraires.
Les Anciens la nommoient le Langage des
Dieux : mais quelques Modernes ont dit
qu'ils avoient raifon, puis qu'ils n'a-
voient que des Dieux menteurs, & que
toute leur Theologie n'eftoit qu'vne My-
thologie, c'eft à dire vne fable perpetuelle:
Les vns l'ont confiderée comme la premie-
re Philofophie, & la premiere fageffe; &
les autres comme la derniere folie. Plu-
fieurs Princes, & plufieurs peuples ont
couronné les Poëtes, & leur ont élevé des
Temples, & érigé des Statuës: & les au- Plato in
Ione.
tres les ont bannis de leurs Eftats. Pla-
ton fait tous les deux, & paroift contrai-
ré à foy mefme : Il appelle les Poëtes, En-
fans des Dieux, & Peres de la Sageffe,
Miniftres & Interpretes de la Divinité: Il

PREFACE.

couronne Homere, il le fait triompher, &
puis le bannit de sa Republique. Dans
noftre Siecle, les vns admirent les Vers;
& les autres les méprisent. Et ce qui eft
de plus surprenant, la Cour, & les plus
grands Esprits en font leurs délices : & le
peuple s'en mocque : Les vns traitent les
Poëtes, de beaux Esprits; & les autres,
d'Esprits malades. Cette diverfité de fen-
timens eft cause que les vns font gloire du
titre de Poëte: & les autres en ont honte;
& que les délicats, en matiere de reputa-
tion, ayment mieux ne point prendre vne
qualité dont l'eftat leur paroift incertain,
& la reputation contestée.

Mais il me femble que cette queftion eft
aifée à vuider par la difference du bon, &
du mauvais vfage de la Poëfie. Le décri
de la Poëfie eft venu des mauvais Poëtes
qui ont débauché leurs Mufes, & les ont
renduës trop coquettes. Car comme il y a
vne Venus terreftre, & vne celefte, il y a
auffi deux fortes de Mufes. Ceux qui les
blâment, les confiderent comme des filles
proftituées qui s'abandonnent à toutes for-
tes de fujets, au menfonge, à la flatterie,
& à l'impureté. Mais fi l'on les regarde
dans les matieres faintes comme des filles
du Ciel, qui ne parlent que le langage
de Dieu, & ne reprefentent que les Ver-
tus, & les Actions heroïques & Chreftien-
nes. Il faut n'eftre pas Chreftien pour les

PREFACE.

condamner : il faut condamner avec elles,
les Patriarches, les Prophetes, & le Saint
Esprit mesme qui leur inspiroit les Vers sa-
crez. Il faut envelopper dans cette con-
damnation les plus sages Peres de l'Eglise,
les Princes, les grands Hommes, les plus
éminentes Personnes de nostre Siecle ; &
en un mot, ce qu'il y a de plus excellent
dans le Monde. Il faut avoir l'esprit du
Demon de Saül, qui fuyoit l'harmonie du
Poëte, & Prophete Royal : Il faut estre
sans Ame, aussi-bien que sans Esprit : car
si Tertullien se récrioit autre fois que
l'Ame estoit naturellement Chrestienne,
on peut dire que l'Ame estant harmonique
de sa Nature, elle est naturellement amou-
reuse de la Poësie, & dans la Grace
mesme : sa felicité doit consister en cét
Art divin de former des Cantiques im-
mortels à la gloire de son Autheur. Que
s'il se trouve quelques Esprits brutaux, ou
ignorans qui blâment toute la Poësie, il ne
s'en faut pas estonner, puisque l'Evangile
qui est le vray Langage de Dieu, & de
la Sagesse Divine, a aussi esté traité de
folie ; & que comme la sagesse des Hom-
mes est folie devant Dieu ; aussi la Sagesse
de Dieu est folie à l'homme animal, pour
user des termes de cette mesme Sagesse.

Mais il y a un iugement de la Poësie,
qui a fait un plus grand effet dans mon
esprit, c'est que l'on n'estime pas qu'un

PREFACE.

homme qui a' vne profession differente, doive employer son temps à faire profession de la Poësie. Faire des Vers , c'est estre Poëte : les faire imprimer, c'est estre Autheur : mais y mettre son nom , c'est en faire profession. Ie puis dire aussi pour ma justification , que ie n'y ay travaillé qu'au temps des Vacations , & que l'Autheur sçait que ie n'y employay qu'environ vn mois de ce temps-là. Ie considere la Poësie comme le plus beau divertissement d'vn Homme de Lettres ; mais ie croy qu'vn Homme de Lettres ne doit pas faire profession de se divertir , lors qu'il est dans vne condition differente , & que s'il ne possede vn genie si propre , & vne facilité si grande pour la Poësie, qu'elle ne luy dérobe aucune partie du temps necessaire à sa profession, il ne doit point quitter son devoir pour son divertissement. Ce n'est pas que le Prince du Barreau de l'ancienne Rome , n'ait estimé que l'estude de la Poesie estoit necessaire aux Orateurs , & si necessaire , qu'il la nomme le fonds & la source de l'Art Oratoire. Et Quintilien dit que la Rhetorique en tire l'Esprit des choses, la sublimité des expressions , & toute la beauté des sentimens & des mouvemens Oratoires, & que la severité du Barreau doit se delasser dans les plaisirs de la Poesie. En effet, les autres emplois ne conduisent à la vertu que par des routes épineuses;

Cicer. pro Archia. Rhetoricæ elocutionis, & artis dicendi fons ipsa poëtica. Quintilia. l. 10. c. 1. de copia verb. A poëtis in rebus spiritus , in verbis sublimitas , in affectibus motus & omnis decor petitur. Id. lib. 1. Instit. Orat.

PREFACE.

...rieufes ; mais celuy-cy nous y conduit par
un chemin de fleurs.

Il faut aussi dire à l'honneur de la Poe-
sie, que c'est sans raison qu'on appelle les
Poëtes, menteurs, & qu'on explique mal
les fureurs de la Poesie. Car quant à la
premiere qualité, outre que j'ay fait voir
que le mensonge, & mesme la simple fi-
Ction, ne sont point de l'essence de la Poesie,
& qu'il ne faut iamais accuser l'Art, &
tous les Artisans du defaut des particu-
liers : puis que les meilleurs Poëtes, com-
me mon Autheur, dans les matieres sain-
tes, s'abstiennent mesme de la fiction: Vn
menteur est celuy qui veut faire passer vne
chose fausse pour veritable; ce qui n'est
iamais monté dans la pensée d'aucun Poe-
te ancien, ny moderne. Le titre de Poeme
qu'ils donnent à leurs ouvrages, declare
assez que c'est vne imitation des choses,
soient feintes, ou veritables. Ainsi leurs fi-
Ctions mesme les plus contraires à la veri-
té, ne les rendent point menteurs, quoy
que leurs fictions soient plus approuvées
lors qu'elles sont vray-semblables. Les
Historiens sont plus menteurs qu'eux; car
ils veulent souvent faire passer pour veri-
tables, des choses qu'ils sçavent ne l'estre
point.

Quant à l'élévation de l'Esprit des Poë-
tes, sous pretexte qu'elle a esté nommée
vne fureur, les ignorans se sont imaginez

PREFACE.

que c'estoit vne espece de folie ; & ie m'é-
tonne qu'Aristote soit tombé dans cette
erreur, de croire qu'il n'y a point de grand
Genie qui ne soit sujet à la maladie de
l'Esprit. Car il y a deux sortes de fureurs,
aussi-bien que de grands Genies. Il y a
vne belle & sage fureur, qui élevant
l'Ame au dessus de l'Homme, le met en
quelque maniere hors de luy-mesme, par
des abstractions ordinaires aux grands
Hommes; Au lieu que l'autre fureur le
ravale au dessous de sa Nature, & le
reduit à la condition des Animaux. La
premiere fureur n'est pas seulement com-
mune aux excellens Poetes, elle l'est à tou-
tes les Ames transcendantes & extraor-
dinaires, au ravissement des Philosophes
contemplatifs, au transport des Prophetes,
& à l'extase des Saints, aussi bien qu'à
l'élevation des Poetes, que les Grecs ont
appellée Enthousiasme, c'est à dire, inspi-
ration divine : parce que les grands Poe-
tes estant au dessus de la Nature ordi-
naire, semblent avoir vne espece de Di-
vinité. Comme l'a reconnu l'Orateur Ro-
main, lors qu'élevant les Poetes au dessus
des Orateurs, il dit que ceux-là sont di-
vinement inspirez; & qu'en comparaison
des Orateurs, ce sont des hommes à che-
val; & les Orateurs, des hommes à
pied.

Mais il y a aussi deux sortes de grands

Cicero.
pro Archia.
Poeta ma-
gnitudinem
habet, ac
sublimita-
tem, eâque
super
Id est, equo
vehitur.
oratio ex hu-

PREFACE.

Genies, il y en a dont toute la grandeur ^{militate pe-} n'eſt que dans la force & la ſublimité de ^{deſtris dici-tur.} l'imagination qui n'eſt pas conduite par le Iugement. Mais il y en a d'autres dont la grandeur & la ſolidité du Iugement répond à la vigueur de l'imagination. Les premiers reſſemblent aux Foudres & aux Tonnerres, qui font beaucoup d'éclat & de bruit, mais dont l'impetuoſité déreglée tombe bien-toſt par terre, & ne ſçauroit avoir vne longue vie. Les ſeconds ſont comme le Soleil, & les autres Aſtres, dont on dit que la Nature eſt froide, quoy qu'ils produiſent tant de chaleurs & de lumieres. Leur cours eſt violent, mais il eſt reglé. Ils ont vne rapidité ſi iuſte & ſi meſurée, que la promptitude in-croyable de leurs mouvemens n'altere ja-mais leur égalité. Les premiers font des mauvais Poetes ; & les ſeconds font les plus excellens.

Mais il faut avoüer que ceux-cy font des oiſeaux bien rares, & ie pourrois dire des Phœnix, puis qu'il faut pluſieurs Sie-cles pour en produire un ſeul. Parce que l'aſſemblage des qualitez qu'il faut pour former vn Poëte parfait, eſt preſque auſſi difficile que l'aſſemblage des qualitez qui forment le ſouverain Bien. C'eſt vne erreur groſſiere de croire que l'Imagination ſeule fait les Poëtes, il n'y a point d'hom-mes au Monde à qui le grand Iugement

ë ij

PRÉFACE.

soit plus necessaire pour châtier les erreurs
de l'Imagination, & temperer ses chaleurs,
qui sont plus abondantes dans les Poëtes que
dans les autres Hommes ; Et cependant il
n'est rien de si difficile que de trouver ce
flegme, & ce feu tout ensemble, & d'unir
des qualitez que la rareté de leur union
a fait croire incompatibles. Il faut qu'il
ait un parfait Iugement, une Imagination
sublime, & une Memoire extraordinaire.
Il faut qu'un Poëte Heroïque & Chrestien,
pour écrire dignement des matieres divines,
soit parfaitement sçavant, & eloquent, &
suivant la pensée du plus divin des Philo-
sophes, que toutes les Sciences fassent un
beau Cercle dans son Esprit, & que la
Theologie y preside comme leur Reyne, &
qu'elles s'y tiennent toutes par la main,
comme les Graces. Il faut qu'il ait une
connoissance des Langues, où la Poësie a
regné, & des Poëtes de tous les Siecles, &
qu'il possede la Langue en laquelle il écrit,
dans toute son étenduë, & qu'elle n'ait
rien de si fin, ny de si delicat qui se dérô-
be à sa connoissance : Il faut qu'il con-
noisse toutes les graces de la Poësie, le beau
Tour, la Pompe, la Cadence, & le Ca-
ractere des beaux Vers ; Il faut qu'il ait
encore plus d'étude du Monde, que de celle
du Cabinet : qu'il ait tous les sentimens
des grandes Vertus, afin de les mieux ex-
primer comme il les ressent : Qu'il ait

PREFACE.

l'Ame élevée, & les Passions reglées. En
un mot, qu'il ait l'Ame, & la Trempe des
Heros, & des Saints, pour bien representer
les Vertus, & les actions Heroïques, &
saintes. Ainsi l'on peut dire que le Poëme
Sacré estant le chef-d'œuvre d'vne si belle
Ame qui est le chef-d'œuvre de la Divinité,
c'est la plus excellente production de la plus
excellente de toutes les Creatures.

Mais il est vray que comme le Singe est
le plus laid de tous les Animaux, quoy
qu'il imite le plus parfait, & l'imitation
imparfaite des choses les plus excellentes
rend leurs imitateurs plus ridicules; Aussi
il n'y a point de plus pitoyable figure que
celle d'vn mauvais Poete. Il n'est pas
permis aux Poetes Heroïques d'estre me-
diocres, ils doivent faire grande difference
des autres sortes de Poesie, où peuvent
reüssir des hommes mediocres, & qui n'ont
l'Esprit tourné qu'à la bagatelle. Ils doi-
vent sçavoir que de vouloir peindre medio-
crement les Vertus Heroïques & Divines,
c'est vouloir peindre vn Geant avec la taille
ordinaire des autres hommes.

Aussi ces reflexions ont fait naistre vn
second motif de ma crainte. Ie me vois si
loin de l'Idée que ie me suis formée de l'Art
de plaire dans le Poeme Heroïque, qu'en-
core que ce soit l'écueil des plus beaux Es-
prits, leur naufrage ne fait pas ma conso-
lation. Il est vray que la plus grande par-

PREFACE.

tie de la composition n'estant pas de moy,
ie ne dois garantir principalement que la
versification : Mais ce qui fait encore ma
peine, est l'incertitude ou ie suis de cette
Idée de l'Art de plaire dans la Poesie.
I'avouë qu'apres l'avoir cherchée depuis
fort-long-temps, la diversité des sentimens
mesme des plus éclairez, est si grande sur
ce sujet, que bien qu'il m'ait fallu deter-
miner dans l'execution, ie doute encore si
ma determination est la meilleure. I'ay
souvent reconnu que l'Art de plaire que
l'Eloquence, & sur tout la Poesie ajoûtent
à celuy de raisonner & d'instruire, n'avoit
pas des maximes generales & des Loix
universelles qui puissent estre appliquées
aux ornemens de toutes les Langues, &
estre au goust de toutes les Nations, & de
tous les Siecles. Parce que les divers tem-
peramens des Regions, & des Peuples pro-
duisent en eux des inclinations differentes,
ausquelles il faut que l'Eloquence propor-
tionne ses beautez, & ses agreemens. Mais
j'estime avec des plus solides Esprits, qu'il y
a une Raison generale, & souveraine,
qui peut du moins iuger, qu'elle est la plus
parfaite Eloquence de toutes ces Eloquen-
ces particulieres ; Quoy qu'elle ne doive
pas obliger les Ecrivains d'un Estat parti-
culier à suivre les maximes de cette plus
parfaite Eloquence, si les Peuples pour les-
quels ils écrivent, ont vn goust, & vn

PREFACE.

*genie qui luy foient contraires. C'eſt ſans
doute de cette ſouueraine Eloquence qu'en-
tendoient parler ceux qui l'attribuoient à
Iupiter, diſant que s'il eut voulu parler, il
eut choiſi l'Eloquence de Platon. Et puiſ-
que l'Apoſtre parle du Langage des Anges,
comme du plus parfait de tous ceux qu'il
pourroit parler ; ſi les Hommes peuuoient
connoiſtre quelle Eloquence approche plus
de celle des Anges, ils iugeroient ſans doute,
qu'elle eſt plus parfaite que toutes les au-
tres; puiſque ſans le connoiſtre, pour dire
qu'vn homme excelle dans l'Eloquence, ils
diſent qu'il parle comme vn Ange.*

*Mais tout ce que nous pouuons iuger
maintenant ſur des principes communs, &
des notions dont tous les Peuples conuien-
nent, c'eſt que dans les lieux, où les hom-
mes ſont les plus parfaits, c'eſt-là qu'ils
peuuent auoir le Iugement plus parfait pour
l'Eloquence, & que leur perfection dépend
du concours de celle de l'Art, & de la Na-
ture. Pour la perfection de l'Art il faut
que les Nations ſoient polies & floriſſantes.
Et pour celle de la Nature, les Philoſophes,
& les Medecins ſes plus grands Interpretes
conuiennent que le Temperament de l'Ame
dépend de celuy du Corps, & que le parfait
Temperament du Corps dépend de l'vnion
moderée de ſes qualitez. De ſorte que l'on
peut dire à plus forte raiſon de la beauté de
l'Ame, ce qu'vn Autheur admirable dans*

PREFACE.

l'union de la Philosophie, & de la pureté
de nostre Langue, a dit excellemment de
la beauté du Corps, que le Climat où se
doit trouuer la parfaite beauté, est celuy
qui par vne exacte Temperature s'oppose le
moins à cette iuste moderation des quali-
tez, & se trouue plus propre à l'acquerir
& la conseruer. Ainsi l'on peut dire sans
flatter la France, qu'estant vne Monarchie
des plus polies, & des plus florissantes du
Monde, & le quarante-cinquième degré
d'Eleuation qui est le plus temperé de tous
les Climats, & iustement au milieu de la
Zone temperée, se rencontrant au milieu
de cet Estat, il semble que le Ciel ait pris
plaisir d'y faire concourir l'Art, & la
Nature à la production des Hommes les
plus parfaits, & des plus beaux Esprits,
aussi bien que des plus beaux Corps. Et
pour confirmer cette verité par vne autho-
rité sainte, le grand S. Ierôme témoigne
que la France a toûjours produit vne
grande abondance des plus vaillans, &
des plus eloquens Hommes du Monde. Et
pour remonter à la plus haute Antiquité,
les Druides vnissoient la Science à la Poësie
auant que Rome fût au berceau : Les Grecs
faisoient près de mille lieuës sur la Mer
Mediterranée, pour se venir former dans
les Escoles de Marseille. Et pour vn comble
de gloire à la France en l'Art Oratoire,
l'Orateur Romain l'apprit de Plotius auec

Hieronymus
in Vigilant.
Gallia sem-
per viris for-
tissimis, &
eloquentissi-
mis abunda-
vit. Cic. Ep.
ad Titinnis.

PREFACE.

genaire de l'ancienne Ville de Lyon, qui eut
l'honneur de donner un Maistre au Maistre
mesme de l'Eloquence, & qui auoit alors
cette fameuse Academie dont parle Iuuenal
qui faisoit trembler les Orateurs qui s'y
presentoient.

Pallent, vt nudis qui preffit calcibus anguem ,
Aut Lugdunensem Rhetor dicturus ad Aram,

En effet, il faut auoüer que les Meridio-
naux sont trop chauds, & trop secs, & les
Septentrionaux trop froids, & trop humides;
& les Italiens le reconnoissent sans y penser,
lors qu'ils estiment tant le flegme, parce
qu'ils connoissent qu'ils en ont besoin : leurs
ouurages estant trop remplis de chaleurs
dereglées d'imagination , de conceptions
pointuës, d'antitheses affectées, de pensées
fausses, & de figures trop fortes, & hyper-
boliques ; Au lieu que les Allemans voyans
qu'ils n'ont pas assez de feu pour produire
les belles Lettres, ou ne produisent presque
point d'ouurages , ou se contentent de tra-
duire les nostres , ou d'apprendre nostre
Langue pour les lire.

Mais la difficulté est que les François ne
sont pas d'accord sur cette Idée de l'Art de
plaire dans l'Eloquence, & pour me renfer-
mer dans l'Eloquence, & dans le genre du
Poëme Heroïque, les Esprits sont si parta-
gez , que les Autheurs sont bien empeschez
dans le dessein qu'ils ont de plaire à tous le
Monde Chacun iuge selon les diuers en-

PREFACE.

uiſagemens qu'il fait des choſes, les Cour-
tiſans, les Femmes, les Hommes d'épée, les
Gens de robbe, les Sçavans, les beaux Eſ-
prits, & le Peuple forment autant de Sectes
differentes, & ces differentes Sectes forment
encore divers partis, & des iugemens op-
poſez, & pluſieurs dans cette incertitude
croyent que cet Art de plaire bien expliqué,
conſiſte dans des agréemens inexplicables.
Ie ſçay bien que les beaux Eſprits qui ſont
les Autheurs ſemblent avoir plus de droit
de iuger de leur meſtier, mais le mal eſt
qu'ils ſont plus diviſez que les autres,
parce qu'ils y ont plus d'intereſt. Ou ils
iugent par Cabales, & par complaiſance,
ou ils n'eſtiment que ce qu'ils ſçavent
faire, & ſouvent l'vn approuve ce que
l'autre reprend, & condamne ce que l'au-
tre admire. Témoin leurs guerres ou-
vertes de vive voix, & par écrit, & quoy
que l'Art de parler ſoit vn lien de la So-
cieté Humaine, ils en ont fait le ſujet de
leur diviſion. Ceux d'entre-eux qui ont
plus d'Eſtude du Cabinet, que du Monde,
s'imaginent que les Anciens doivent eſtre
l'vnique Modelle, ſans diſtinguer les diffe-
rents gouſts des Siecles, & des Nations, &
ſans conſiderer qu'encore que les Anciens
ayent peut-eſtre plus merité de gloire par
les progrez qu'ils ont fait dans l'Eloquen-
ce, il ne s'enſuit pas que nous ne puiſſions
faire des Ouvrages plus excellens que les

PREFACE.

leurs. Ils peuuent eſtre plus loüables d'a-
uoir fait les trois quarts du chemin ; mais
nous ſommes plus auancez d'auoir fait le
reſte. Ceux qui découurirent les Indes ſont
plus loüables que ceux qui profitans de
leurs découuertes en tirent l'or & l'argent,
mais ceux-cy ſont plus riches, & peuuent
paroiſtre plus magnifiques. C'eſt vne mau-
uaiſe raiſon de croire, parce qu'on donne
au Siecle des Anciens le nom de l'Anti-
quité, qu'il doit auoir eſté plus ſçauans
que le noſtre. Car cette Antiquité ne mar-
que ny l'experience, ny la vieilleſſe, mais
la ſeule primauté du Temps. Autrement
il faudroit dire que c'eſt noſtre Siecle qui eſt
la veritable Antiquité, puiſqu'il eſt le plus
vieil de tous, & qu'il a le p.us d'expe-
rience.

En effet, il faut auoüer que ſi les An-
ciens ont eu de la force dans l'Eloquence,
ils ont auſſi eu leurs foibleſſes que nous ne
deuons pas imiter. Noſtre Siecle ne ſçau-
roit goûter ces ſentimens bas, & ces com-
paraiſons indignes qu'Homere, & Virgile
donnent à leurs Heros, quand ils les font
pleurer trop ſouuent, & pour des ſujets
trop peu conſiderab es. Ils leur font re-
procher d'eſtre gourmands, & grands
beuueurs. Ils leur font prendre le ſoin du
ménage, & de faire boüillir la marmite.
Ils les comparent à des Aſnes dans du bled
vert, à des Mouches dans vne Cuiſine, &

PREFACE.

à des temples que les petits enfans fouettent sur un vestibule. Ceux qui pour les excuser disent qu'ils sont des Peintres naïfs de la Nature, ne distinguent pas les especes differentes de la Poesie. Car puisque ces Poëtes appellent leurs Heros des demy-Dieux, pour monstrer qu'ils sont au dessus de la Nature, il ne faut pas peindre la Nature ordinaire pour representer ce qui est au dessus d'elle, mais la Nature sublime, & extraordinaire.

Vne des plus grandes questions est sur la comparaison de Lucain avecque Virgile, qui sont les deux Poëtes qui font maintenant plus de bruit dans le Poëme Heroïque. Mais il me semble que de comparer ces deux Autheurs, pour sçavoir lequel est le plus excellent, c'est mal connoistre leurs Caracteres qui sont tellement opposez, que c'est comme qui compareroit vne beauté blonde, avec vne brune. En effet, il n'y a nulle comparaison de Lucain à Virgile, pour la grace, & la pureté de l'expression, & pour la iustesse, & la beauté de la versification. Mais aussi Lucain est incomparable en des choses qui sont au dessus de l'expression, & de la versification. Car il

a cet avantage que Scaliger ne sçachant comme exprimer l'admiration qu'il avoit pour vn si grand Genie, dit qu'il est au dessus du Genie Poëtique, quoy que le Genie Poëtique soit au dessus de tous les autres,

Scalig. de re Poët. l. 5. c. Lucano ingenium ma- gnum etiam plusquà Poë ticum zou doubo.

PREFACE.

autres, & passe pour divinement inspiré. Il
est vray que Lucain avoit double Génie, le
sien, & celuy de sa femme : Cette fameuse
Polla qui concouroit à la production des
Enfans de son Esprit. Aussi le Prince du
Poëme Dramatique de nostre Siecle, que
l'on juge avoir surpassé les Grecs & les La-
tins, a declaré dans son Poëme sur la mort
de Pompée, qu'il est amoureux de la force
des pensées, & de la majesté des raisonne-
mens de Lucain, & qu'afin d'enrichir nô-
tre Langue, il a fait effort de le reduire en
Poëme Dramatique, & qu'il a tâché de le
traduire, de l'imiter, de le suivre, & de
prendre son Caractere. La gloire que s'est
acquise le Traducteur de Lucain a bien
aussi fait connoistre son bon-heur d'estre sou-
tenu par un Autheur si merveilleux, & que
le goust du Siecle est de n'estimer pas la ver-
sification, si elle n'est soûtenuë par la beau-
té des pensées, & la noblesse des sentimens.

Tous nos beaux Esprits sont d'accord de
plusieurs maximes generales, que les Vers
Heroïques veulent une expression juste, un
style chastié, naturel, vigoureux, & formé
des plus fines, & des plus belles façons de
de parler de nostre Langue, une versifica-
tion nombreuse & cadencée, où la pompe,
& la magnificence des termes y soient sans
affectation, où les pensées, & les sentimens
brillent sans confusion, & soient remplis

ü

d'un feu secret & divin, dont l'éclat pro-
duise le merveilleux, & quelquefois l'éton-
nant. Qu'il faut que ces beautez y paroif-
sent en maistresses intelligentes, qui ne laif-
sent souvent qu'entre-voir une partie de
leurs graces, pour les faire mieux rechercher,
& tantost les font paroistre dans tout leur
éclat, pour faire naistre la surprise & l'ad-
miration. Qu'il faut par tout faire regner
la varieté des ornemens, qui est l'Ame de
l'Art de plaire, parce qu'elle n'affecte rien
en particulier, & éviter sur tout cette mo-
notonie, & uniformité de style, où tombent
plusieurs de nos meilleures plumes: Qu'il
faut bannir toutes les pensées fausses, &
celles qui sont trop quintessenciées, & les
Hyperboles, qui sont les maladies des jeunes
gens: Qu'il faut sur tout avoir un Tempe-
rament de force & de douceur, qui semble
estre la plus difficile chose du Monde pour
nos Escrivains; car ceux qui veulent avoir
le style doux, sont ordinairement fades &
mols, & ceux qui cherchent la force, tom-
bent souvent dans la rudesse.

Mais quant on vient à l'application de
ces Maximes, & à la Critique en détail,
c'est alors que tout le Monde est en differens.
Par exemple, dans la composition, les Es-
prits qui ne sont pas feconds, disent toûjours
que les pensées sont trop abondantes, & qu'il
ne faut pas qu'un visage soit tout d'yeux,

PREFACE.

mais cette comparaison tant rabattuë cho-
que le Ciel dont la face en est toute remplie,
& ses Peintures qui le doiuent representer
comme il est. Ces gens-là blasmeroient vne
belle Assemblée, s'il n'y auoit que des Beau-
tez. Il est vray qu'il ne faut pas que les
Beautez y soient trop pressées. Il faut qu'el-
les y soient à leur aise, & que les vnes
n'empeschent pas de voir les autres. Les
Esprits qui ont l'Imagination vine, lan-
guissent incontinent, si les beautez y sont
vn peu éloignées, & il faut auoüer que
comme nostre Siecle est fort éclairé, & que
l'Imprimerie a rendu les Lettres trop com-
munes, on ne peut plus souffrir la simple
expression sans les pensées, ny les pensées
communes si on ne leur donne vn nouueau
tour, ou qu'on ne les pousse d'vne maniere
singuliere. Aussi il est vray qu'une par-
tie de l'admiration que nostre Autheur a
causée à tout le Monde, dans ces merueil-
leuses Actions qui sont si fortes, & si
remplies, a procedé de cette abondance
prodigieuse de subtiles & solides Pensées,
qui enleuent incessamment les Esprits, &
ne leur donnent pas loisir de languir vn
moment dans l'attente des nouuelles Beau-
tez. Que si l'Orateur Romain dit qu'il
n'y a point d'Eloquence, lors qu'il n'y a
point d'admiration, cela doit estre plus
vray dans la Poësie, & sur tout dans la

ä ij

PREFACE.

Poëme Heroïque, qui est le chef-d'œuure
de la plus sublime Eloquence.

Ainsi dans l'expression tous conuiennent
qu'elle doit estre conforme au Caractere de
son sujet, d'où vient qu'encore que le Poëme
Heroïque donne vn Caractere plus releué à
ses moindres personnages, ce que Virgile à
fait mesme dans vne de ses Eglogues qui est
la quatriéme, & quoy que i'aye consideré
les Pasteurs Bethleemites comme des Hom-
mes extraordinairement fauorisez du Ciel,
& instruits dans l'Ecole des Anges, nean-
moins ie n'ay pas poussé si loin leur style,
& leurs pensées, comme des autres person-
nes. Par exemple dans ces Vers, où ils
parlent de la musique des oyseaux, j'auois
dessein de le faire ainsi,

Mille chantres volans concertent leurs
  ramages,

Mais quoy que la pompe, & la beauté
de ce Vers eut esté bonne pour d'autres per-
sonnages, i'ay mieux aymé dire simple-
ment,

Mille oyseaux à l'envy concertent leurs
  ramages.

Et si l'on trouue encore quelques expres-
sions, ou quelques pensées trop fortes, pour
des Bergers, i'ay crû que je ne ponuois bien
m'éleuer comme a fait Virgile dans cette
Eglogue où l'on croit que ce qu'il dit de la
prediction des Sybilles, se rapporte à mon

PREFACE.

fujet de la Naiffance du Sauveur du Mon-
de. Puifque je faifois parler des Bergers
beaucoup plus confiderables, par la connoif-
fance de l'accompliffement de cette predi-
Ction, & par la veuë de cette Divine Naif-
fance.

Cependant quand on vient à la Critique
de l'expreffion, la diverfité des fentimens
fait que les fimples Grammairiens trouvent
toûjours le ftyle trop élevé, ou trop peu châ-
tié; au lieu que ceux qui aiment l'Art Ora-
toire le trouvent rampant, pour peu qu'il s'a-
baiffe, & fcrupuleux lors qu'il eft un peu
exact. Ceux qui ne fçavent écrire qu'en
des Caractères au deffous de l'Heroïque, de-
mandent toûjours un ftyle qu'ils appellent
aifé, & qu'ils oppofent à la pompe, & à la
magnificence qui eft de l'effence de l'Heroï-
que; mais ils ne fçavent pas qu'un ftyle aifé
ne veut dire qu'un ftyle clair & intelligible,
& qui n'eft point incompatible avec la for-
ce, & la fublimité de l'Heroïque. Il eft aifé
pour le Lecteur, mais fort difficile pour
l'Autheur. Il y en a mefme qui oppofent ce
ftyle aifé à la force des penfées, & à la no-
bleffe des fentimens, parce qu'à s'eftant ac-
quis une facilité de la fimple expreffion, il
leur eft aifé de faire quantité de Livres qui
ne difent rien que de commun, mais qui paf-
fent à la faveur de la pureté du Langage,
& rempliffent le monde de volumes non-

PREFACE.

veaux, sans remplir les Esprits de nouvelle
lumieres, & de nouvelles connoissances.

Pour moy, comme l'expression, & la ver-
sification estoient mon plus grand employ
dans cet ouvrage, j'ay crû que j'en devois
avoir vn soin tout particulier, jusques-là
que je me suis fait de nouvelles regles, pour y
donner des graces qui me sembloient man-
quer à nostre Poësse, soit pour la rendre plus
parfaite, soit pour arrester par ses difficultez
ce débordement des mauvais Poëtes, qui est
vn des chagrins du monde raisonnable, &
l'empécher de se rendre vn deluge vniversel.

Par exemple, j'ay banny toutes les Trans-
positions, excepté celles qui sont permises
dans la Prose, parce que j'ay remarqué
qu'elles sont fort incommodes au Génie de
nostre Langue: Qu'elles troublent le sens,
& la netteté de la construction: Qu'elles
font souuent ressembler les pensées les plus
justes à du Galimatias: Que les Poëtes ne
s'en seruent ordinairement que pour trouuer
les rimes: Qu'elles déplaisent fort à la plus
belle moitié du monde, & à tous ceux qui
n'ont pas l'estude, & l'Analogie des autres
Langues qui en sont toutes remplies: Qu'elles
priuent nostre Langue d'vne marque de son
excellence par dessus les autres. Parce que
les Langues estant la Peinture des choses, il
n'y a jamais eu de Langue au Monde qui
les ait mieux peintes dans l'ordre naturel.

PREFACE.

En effet cet ordre veut que le nom, ou la
perfonne, auec l'adjectif ou la qualité pre-
cede le verbe, ou l'action, & que le verbe ou
l'action precedent les effets qu'ils produifent.
On dira que les Tranfpofitions donnent
quelquefois de la grace à la Poëfie; mais
c'eft par accident à caufe des termes empha-
tiques qu'elles tranfportent à la fin du Vers,
comme la Profe Latine à la fin de fes perio-
des, fans autre neceffité que d'y auoir de
grands mots qui rempliffent l'oreille. Mais
puifque l'on peut auoir d'autres graces fans
ce defaut, & qui produifent le mefme effet,
comme la majefté du ftyle, & la force des
termes fans les Tranfpofitions qui déplai-
fent à l'efprit de noftre Langue, c'eft recou-
vrir au mal, pour en tirer un bien que l'on
peut auoir d'ailleurs en fa pureté. Auffi les
plus intelligens à qui j'en ay parlé font fi fort
entrez dans mon fentiment, qu'en me fai-
fant l'honneur de corriger ma Verfification,
ils ne me pardonnent plus la moindre de nos
Tranfpofitions, dont le retranchement qui
s'en fait tous les jours, doit apparemment
les faire paffer un iour pour une faute auffi
groffiere que celle des Eftrangers, qui n'en-
tendent pas la conftruction de noftre Lan-
gue.

J'ay pris garde que le retour des mefmes
rimes qui font trop proches eft fort impor-
tun à l'oreille. Pour l'éuiter, j'ay par tout

ü iiij

PREFACE.

obſerué qu'il y ait pour le moins quatorze
Vers entre les meſme rimes, & pour le moins
cinquante, quand les rimes ſont dans les
meſmes termes.

Et parce qu'il ne faut qu'un mot dont
l'Vſage eſt conteſté pour décrier les plus
beaux Vers, i'ay crû qu'il falloit faire dif-
ference du choix des termes, & de celuy des
Phraſes : Que pour ceux-là, il n'en falloit
iamais haʒarder aucun qui n'eut paſſé
dans le bon vſage, & qu'il falloit beaucoup
plus ſe garder d'en former aucun, à cauſe de
la ſeuerité de noſtre Langue dans leur recep-
tion, & pour éuiter le malheur qui arriue
à nos Autheurs de ſouffrir la honte, & le re-
fus d'vn mot qu'ils veulent introduire en
écriuant, ſans qu'il ait paſſé dans l'vſage
de la conuerſation. Car il faudroit que les
beaux Eſprits euſſent plus d'authorité que
les Rois qui ſont au deſſous des Peuples, en
cette matiere, & ſont contraints de prendre
la Loy de leurs Sujets, dont le conſentement
eſt le Souuerain Maiſtre des Langues. Ces
Autheurs font plus de mal, que ces Femmes
qu'ils appellent pretieuſes, parce qu'elles
preſentent des mots nouueaux. Car elles
n'immortaliſent pas l'affront qu'elles reçoi-
uent du refus de leurs termes, & ne veulent
pas obliger le Public à les accepter. Ie tiens
meſme la hardieſſe de ces pretieuſes vtile à
l'enrichiſſement de la Langue : puiſqu'il y a

PREFACE.

toûjours quelques-uns de ces mots nou-
veaux qu'el'es presentent dans leurs con-
uersations, ou dans leurs billets, qui sont
agréez du Public, & ceux qui ne sont pas
receus, sont étouffez comme des Monstres
naissans, & ne demeurent pas dans les Li-
ures, pour y tromper la posterité.

Mais pour les façons de parler, comme
elles contiennent souuent quelques nouuel-
les Figures & Metaphores : Ie croy qu'il est
permis d'en presenter de nouuelles, comme
de ces autres beautez que nous auons sou-
uent meilleure grace d'inuenter, que d'imi-
ter. Par exemple, j'ay hazardé cette fa-
çon de parler, que le Peuple d'Israël estoit
enflé de son Moyse, quoy que l'on n'ait ia-
mais dit, estre enflé d'un homme. Parce que
tous ceux à qui s'en ay parlé, l'ont trouuée
fort heureuse pour exprimer la vanité que
ce Peuple tiroit de ce divin Legislateur. Et
cela par une raison qui est cachée dans le
pronom, lequel dans une syllabe exprime au-
tant que si ie disois, enflé de la gloire qu'il
tire de ce que Moyse luy appartient. Les ex-
cellens Autheurs prennent tous cette liberté
que i'estime fort necessaire pour la richesse,
& la beauté de la Langue. Ce qui m'a fait
reconnoistre qu'une Langue n'est dans sa
plus haute perfection, que lors que les ter-
mes, & les façons de parler que l'on ajoûte,
ne valent pas mieux que celles qu'elle posse-

PREFACE.

*de, ou qu'elles la gaſtent pluſtoſt que de
l'embellir. Mais nous voyons encore tous
les iours dans la noſtre, que l'on fait con-
ſiſter l'excellence de nos Autheurs, à donner
vn nouueau tour, & vne nouuelle maniere
d'exprimer les choſes qui ont eſté dites, &
que ces nouuelles expreſſions ſont meilleures
que les precedentes. Ce qui augmente ma
crainte pour le changement de la Langue,
parce que les Langues viuantes ſont comme
les hommes qui n'acquierent l'immortalité
qu'apres leur mort. Les Langues mortes vi-
uent encore, & celles qui ſont viuantes
meurent tous les iours en chaque partie. Il
n'y a qu'vne eſperance, qui eſt que la Lan-
gue change en empirant, car alors il ſera de
nos Ouvrages comme des vieilles modes qui
ſont plus belles que les nouvelles, & auſ-
quelles il faut que l'on revienne.*

*I'ajouſterois encore pluſieurs autres re-
gles que ie me ſuis formées ſur le repos des
Vers, ſur les Cacophonies, ſur les enjambe-
mens, ſur le tour, & ſur les cadances pour
ſatisfaire à la curioſité que i'ay de ſçavoir
ſi elles plairoient au Public que i'eſtime le
ſeul bon Iuge, parce qu'il eſt le ſeul deſinte-
reſſé. Mais ie craindrois de tomber dans le
defaut que i'ay remarqué, de faire vne
Preface plus longue que mon ouvrage. Ie
me contenteray de dire, ſur le iugement que
l'on a fait de ce coup d'eſſay, que bien qu'on*

PREFACE.

l'ait traitté trop fauorableme *** & que le
succés ait passé toutes mes esperances, i'imi-
te ces peres vigoureux qui exercent eux-
mesmes la justice sur leurs enfans , & ie
prononce solemnellement contre luy , que
quand il auroit contenté tout le monde , il
est si éloigné de m'auoir satisfait, que ie ne
sçauroit l'auoüer , & que ie le condamne à
erreur inconnu, iusques à ce qu'un plus grand
loisir me permette de le mieux chastier, &
de le rendre plus conforme à l'Idée que i'en
ay conceuë.

Extrait du Privilege du Roy.

LE Roy par ses Lettres Patentes don-
nées à Paris le 11. Novembre 1664. Si-
gnées DVBVISSON, & scellées du
grand Sceau de cire jaune, a permis à
OLIVIER DE VARENNES, d'im-
primer, vendre & debiter vn Livre inti-
tulé, Poëme sur la Naissance de IESVS-
CHRIST, pendant le temps & espace de
sept ans ; & defenses sont faites à toutes
personnes de quelque qualité & condition
qu'elles soient de contrefaire, ny faire con-
trefaire ledit Livre, sur peine de trois
mil livres d'amende , confiscation des
Exemplaires , & de tous dépens , dom-
mages & interests, ainsi qu'il est plus
au long contenu esdites Lettres.

Achevé d'imprimer le 20. *Decembre* 1664.

¡ ¡Les Exemplaires ont esté fournis.

POEME

POËME
SVR
LA NAISSANCE
DE
IESVS-CHRIST.

JE me sens animé par vne sainte ardeur
De chanter un Enfant, dont l'immense grandeur
Sous le voile mortel d'une fragile Enfance
Daigna couvrir l'éclat de sa Toute-puissance.
Enfant le Roy des Roys, & le vray Dieu des Dieux,
Le Salut de la Terre, & la Gloire des Cieux,
Où les Roys immortels de ce Palais suprême
Jettent devant son Thrône, & Sceptre & Diadême.
C'est donc toy que je chante, & foible, & triomphant
Tu sens tout ensemble, incomparable Enfant

A

Qui regnes dans mon cœur par un secret Empire,
L'Argument de mes Vers, & le Dieu qui m'inspire,
Astre miraculeux dont les divins rayons
Sont peints dans le Soleil par de foibles crayons :
Veritable Apollon dont les celestes flammes,
En soulageant les corps, illumine les ames.
Quand les fils d'Esculape aux fureurs de la Mort,
Ont en vain opposé leur plus puissant effort,
Consumé leur estude, épuisé leur lumiere,
Et qu'un mortel qui touche à son heure derniere,
Accablé sous le faix des peines qu'il ressent,
Ne trouve dans leur Art qu'un secours impuissant :
C'est toy divin Sauveur, Medecin adorable
Qui peux guerir ses maux d'vn regard favorable,
Et ta seule Parole a bien-tost ranimé,
L'Ouvrage qu'autrefois ta Parole a formé :
C'est toy dont l'Esprit saint par des flammes secrettes
Embraze les esprits de tes divins Prophetes,
Et des Chantres sçavans qui jusques dans les Cieux
Poussent d'vn zele ardent leurs sons harmonieux :
Qui leur enseignes l'Art de chanter tes loüanges,
Et d'unir les concerts des Hommes & des Anges.
   Mais puis que j'ay dessein d'élever par mes chants,
L'aimable Bethléem, & ses fertiles champs,
Qui ne perdront jamais la gloire sans seconde,
D'avoir donné le jour au Monarque du Monde,
Et ces heureux Bergers qui d'un zele innocent
Ont trouvé dans ta Creche vn Berger Tout-puissant :
Qui laissét leurs troupeaux, leurs prez, & leurs bocages,
Pour courir les premiers te rendre leurs hommages,
Et mesme avant les Roys sont tes Adorateurs ;
Te dois-je pas nommer le grand Dieu des Pasteurs,

Le grand & le vray Pan, puis qu'enfin toutes choſes
De toute Eternité dans toń Sein font encloſes?
Toy ſeul pais & brebis, & Paſteurs en tous lieux,
Toy ſeul es mon Paſteur, toy ſeul es tous mes Dieux.
  C'eſt doncques à toy ſeul, tout Bonté, tout Lumiere,
Que j'adreſſe mes vœux pour fournir ma carriere.
Et de quels autres Dieux ſerois-je ſecouru,
Puis que dans ta Naiſſance ils ont tous diſparu?
Que tous ces Dieux menteurs, ces enfans des tenebres,
Rentrent à ton aſpeĉt dans leurs Ombres funebres,
Et l'Enfer impuiſſant par ſes noires vapeurs
Ne peut plus inſpirer leurs Myſteres trompeurs.
Tout l'Univers eſt libre à tes ſacrez Oracles,
Qui le rendent par tout le Champ de tes Miracles.
  La Paix regnoit au Monde, & les Peuples ſoûmis
Dans les fers de Ceſar n'avoient plus d'Ennemis,
Et ſous ce doux Empire enchantez de ſa gloire
Pardonnoient au Vainqueur leur honte, & ſa victoire.
Le bon-heur de la Paix couta leur liberté,
Et ne leur paroiſt pas cherement acheté.
Rome victorieuſe & Maiſtreſſe du Monde,
Aſſeure ſa grandeur dans cette Paix profonde,
Et le calme fatal autant que les revers,
Laiſſe ſous une Ville eſclave l'Univers.
Mais au prix des fureurs, du trouble, & de la Guerre.
Les fers ſont en effet le bon-heur de la Terre:
Son joug la garentit de ſes feux devorans:
Le trouble n'eſt reſté qu'en l'ame des Tyrans
Elle change en repos ſes plus rudes alarmes,
En moiſſons ſes combats, en faucilles ſes armes,
Et dans ces champs heureux ce fertile Treſor
Pour un ſiecle de fer luy rend un ſiecle d'or.

Disgrace fortunée ! avantageux hommage !
La Liberté vaut moins qu'un si bel esclavage :
Sous un joug si charmant les vaincus ont appris
Qu'il faloit souhaitter des chaînes à ce prix.
Tous les Peuples unis sous mesmes Destinées,
Surmontent à l'envy leurs haines obstinées.
Rome qui leur inspire un si juste dessein,
Leur ouvre un heureux port en son illustre sein ;
Elle écarte en tous lieux ces horribles Tempestes,
Que les cruels Tyrans appellent des Conquestes,
Et s'opposant par tout à leur cours violent,
Sert d'une Ancre asseurée au Monde chancelant.
   Inesperé bon-heur ! surprenante merveille !
Qui dans tout l'Avenir n'auras point de pareille,
La honte du Passé, la gloire du Present :
De qui tient l'Univers un si riche present ?
Rome, par quel mépris de ta Gloire premiere,
As-tu perdu les feux de ton humeur guerriere ?
Si le Dieu des Combats fut ton premier Auteur
As-tu degeneré d'un si grand Fondateur ?
Peus-tu bien estimer, lasse de ta fortune,
Ou la Guerre ennuyeuse, ou la gloire importune ?
Est-ce que de la Terre ayant fait vn cercueil,
Mille Chars de Triomphe ont remply ton orgueil ?
Est-ce que ton Cesar aprés tant de Trophées,
Se plaist à voir enfin les guerres étouffées ;
A faire succeder à tant d'actes guerriers,
Les douceurs de la Paix, & l'Olive aux Lauriers,
Et que saoulé des pleurs & du sang de la Terre,
Il ferme pour jamais le Temple de la Guerre ?
Non, non, ce n'estoit pas les sentimens Romains,
Quand Rome auroit un jour vaincu tous les Humains.

Son esprit possedé du Demon des Batailles
Auroit porté le fer dans ses propres entrailles,
Et du sang répandu de ses propres Enfans,
Elle auroit inondé ses Pays triomphans.
S'il faut à sa valeur un plus juste Theatre,
Elle ne manquoit pas d'Ennemis à combattre,
Puis que pour l'exercer les Germains indomptés
Font un puissant obstacle à ses prosperités;
Ton Triomphe en peinture, orgueilleuse Ausonie,
Ne t'assujettit pas l'illustre Germanie :
Le Breton courageux qui rompt tous tes projets
Ne se doit pas conter au rang de tes Sujets.
Tu crains encor le Parthe au Païs de l'Aurore,
Et tu n'as pas soûmis le Sarmate & le More.
Cesar n'est pas encore insensible aux appas
Que trouvent les Guerriers dâs l'horreur des Combats
Il sçait que l'Orient devenu sa conqueste,
De Lauriers immortels couronneroit sa Teste.
La dépoüille brillante, & le riche butin,
Que l'Inde apporteroit au Rivage Latin,
Et la Mer Erithrée, & le precieux Gange,
Dont l'argent avec l'or fait un si beau mélange,
La Gloire & les Tresors avec tous leurs attraits,
Sollicitent son cœur, & combattent la Paix.
    Ainsi la Paix, Cesar, ne fut pas ton ouvrage,
C'est un ordre du Ciel qui retient ton courage,
Une force inconnuë, & des ressorts couverts,
Qui roulent dans ton sein le sort de l'Univers.
C'est l'ouvrage d'un Dieu plus grand & plus Auguste,
Et qui doit exercer un Empire plus juste.
Tu n'es que son organe, & ce grand Roy des Cieux,
Estouffe tes projets les plus ambitieux,

A iij

Afin que ses Herauts, Ministres de sa gloire
Trouvent un champ plus libre à leur sainte victoire,
Que tes armes cedant à ses divines loix,
Fassent taire le fer pour écouter leur voix,
Et que tes Legions ne fassent point d'obstacles
Aux douze Ambassadeurs qui portent ses Oracles.
Ainsi d'un Conquerant que la guerre a charmé,
Tu deviens le Sujet de ce Dieu desarmé
Dont l'Estre Souverain n'est plus inaccessible,
Et se couvre d'un corps pour se rendre visible.
Heureux si tu croyois servir à ses desseins,
A ses Commandemens si justes & si saints;
Mais esclave pompeux d'un si glorieux Maistre,
Tu sers à ce grand Roy, mesme sans le connoistre,
Tu prepare l'entrée à sa celeste Cour,
Tu luy fais de la Terre un paisible sejour,
Et tes ordres au Monde imposent le silence,
Afin de respecter sa divine presence.
Dans un plus juste estat soy-mesme t'abaissant,
Tu sembles te soûmettre à ce Prince naissant,
Et quitter devant luy ta fureur, & tes armes,
Comme pour épargner & sa crainte, & ses larmes.
Tu fais encore plus, en refusant l'honneur,
Et l'hommage éclatant du titre de Seigneur.
Tout Rome t'en conjure, & tu t'en crois indigne
Comme si tu jugeois par un Mystere insigne
Qu'en l'acceptant pour toy ce seroit le ravir
A ce divin Seigneur à qui tu dois servir.
Ainsi secrettement tu sembles recognoistre
Pour unique Seigneur ce Dieu qui vient de naistre
Ce Soleil qui se leve en descendant des Cieux,
Qui fait les plus beaux jours de ces terrestres lieux,

Et qui voit à sa gloire en tous les lieux du Monde
La Discorde changée en une Paix profonde.
Mais qui n'admireroit ce juste mouvement
Qui luy fait destiner pour son avenement,
Ce temps si favorable où le Ciel nous envoye,
Par les mains de la Paix, l'abondance & la joye,
Et fait regner au Monde une tranquillité,
Qui le comble de biens & de felicité.
Ce grand Sauveur choisit cette Paix temporelle,
Comme un prelude heureux à la Paix eternelle,
Qu'en naissant icy bas ses innocentes mains
Apporterent du Ciel pour present aux humains :
La Paix qu'en remontant sur la voûte étoilée,
Il donna comme un gage à sa troupe zelée,
Et comme un monument digne de son amour,
A ses Herauts qu'il laisse au terrestre sejour,
Les asseurant ainsi que la grace avancée
Fait déja de sa Paix leur gloire commencée,
Et que son Esprit Saint doit produire à jamais
Dans leurs heureux esprits & la Joye & la Paix.
  Comme quand nous voyons se lever sur nos testes
Ces Astres tout armez d'hyvers, & de tempestes,
Le Conducteur de l'Ourse, & l'Orion brillant,
Et les filles d'Atlas au front étincelant,
Qui couvrent leurs clartez de ces sombres nuages,
Qui dans le sein des Airs enfantent les orages,
Et declarant la guerre aux abîmes mouvans,
De l'empire des Eaux font l'empire des Vents.
Ces freres ennemis combattans sur les ondes,
Soulevent l'Ocean dans ses couches profondes,
Et confondant par tout le vaste champ des flots,
Jusqu'au fond de la Mer vont troubler son repos.

Le Ciel mesme couvert de ses voiles funebres,
Laisse mourir le jour dans l'horreur des tenebres,
Ou n'écarte la nuit qui regne dans les Airs,
Que par l'horrible jour de mille affreux éclairs.
On diroit que les flots pour vanger ces desastres
Vont jusques dans le Ciel pour éteindre les Astres.
L'Aquilon déchaîné, ce fier Tyran des Eaux,
Pousse sa tyrannie avec tous ses rivaux,
Qui trouvant un champ libre à leurs fureurs extrêmes
En combattant les Eaux se combattent eux-mesmes.
Les flots pour éviter ces Tyrans furieux,
Du fond de l'Ocean s'élancent dans les Cieux,
Puis semblent retombant de ces voûtes sublimes
Aller chercher l'Enfer jusques dans ses abïsmes.
    Alors si sur les bords de ce fier Element
L'Oiseau que les Nochers trouvent le plus charmant,
L'Alcyon fait son nid par l'instinct qui l'inspire,
Et commet ses petits dans ce petit navire;
De crainte que la Mer, & ses flots menaçans
Ne viennent engloutir ces foibles innocens,
Ou que les vents mutins n'emportent leur azile,
Et fassent un joüet de leur maison fragile,
En laissant à la mere à peine le loisir
De donner à leurs maux seulement un soûpir.
L'on void pendant le cours de quatorze journées,
Qu'il faut pour asseurer leurs foibles destinées,
Le calme rapelle dans les Airs, & les Eaux,
A peine les Zephirs carressent les vaisseaux,
Et n'osent respirer sur les plaines humides,
Qui ne se changent plus en montagnes liquides,
Et servent de miroir au celeste flambeau,
Que l'orage a rendu plus riant, & plus beau.

Merveilleux soin du Ciel! Providence adorable!
Qui fait pour un Oiseau ce calme favorable,
Et qui rend à luy seul les flots assujettis,
Pour luy donner le temps d'élever ses petits.
Et ce que mon esprit admire davantage,
Encor que l'Alcyon pour former son ouvrage
A couvert de ces flots sans crainte d'abîsmer,
N'ait besoin que d'un lieu sur le bord de la Mer,
Toutefois en faveur de sa seule famille,
Par tout l'Orage cesse, & l'Astre du jour brille,
Tout l'Ocean est calme & les vents écartez
Rendent à l'Univers sa Paix, & ses clartez.
  Ainsi quand cette Vierge & si pure, & si sainte,
Toute pleine du Dieu dont elle étoit enceinte,
Et que l'amour divin remplit de tant d'attraits,
Fut Mere de ce Dieu de douceur & de paix,
Qui donna son Amour & sa Paix à la Terre,
Le Ciel fit écarter le Demon de la Guerre,
Afin que son esprit si tranquille, & si saint,
Ne soit pas agité des troubles qu'elle craint.
Les combats inhumains, la licence des armes
Ne versent plus de sang, n'arrachent plus de larmes,
Et si les loix au fer cederent autrefois,
Les armes à leur tour obeïssent aux loix.
Bien que pour son Palais la Vierge incomparable
N'ait que le toict rampant d'vn logis miserable,
Qu'un petit coin d'Estable en son accouchement
Soit le Berceau, le Lict, & tout l'apartement,
Toutefois cette Vierge heureusement feconde
Est cause de la Paix, & du bon-heur du Monde,
Mais par ce fruict divin qu'elle porte en son flanc,
Que Dieu mesme a formé de son pudique sang,

Par ce fardeau si cher, par ce precieux gage,
Si leger & si doux, que son poids la soulage.
Et parce que son sort eut esté moins heureux,
En un temps où la guerre eût allumé ses feux,
L'Univers en tous lieux calme ses violences,
Desarme ses fureurs, étouffe ses vengeances,
Respectant cette Creche, & ce chetif Berceau,
Bien semblable en effet au nid de cet Oiseau,
Qui dans son lict de paille écarte la tempeste,
Puis que nostre Alcyon, pour reposer sa teste,
N'a qu'une simple Creche, où ses divines mains
Affermissent le calme, & la Paix des humains.
Le trouble & les combats, ces tempestes du Monde
Le cedent à la Paix sur la terre & sur l'onde,
Et les flots, & les feux qui naissent du courroux,
Expirent en naissant dans un calme si doux.
L'Univers ne void plus de ces moissons sanglantes,
Que le sang des Guerriers rendoit plus abondantes,
En reparant l'honneur de ses champs desolez,
Aux dépens des Soldats qui les avoient foulez :
Les vœux du Laboureur ne sont plus inutiles,
Tous les champs pour luy seul ont des moissõs fertiles,
Il sçait pour qui sa main cultive ses sillons,
Et ne craint plus la Guerre, & ses fiers bataillons.
Le Ciel mesme amoureux du bon-heur de la Terre
Le partage avec elle, & quittant son Tonnerre
A l'honneur de la Paix fait des Astres nouveaux,
Pour éclairer des jours si calmes & si beaux.
Les Mages sont venus des climats de l'Aurore
A ce Soleil naissant que la Nature adore,
Sans trouver nul obstacle en leurs chemins divers,
Tant la Paix a rendu libre tout l'Univers.

Et les Princes du Ciel, ces Vertus animées,
Ces saintes Legions du Seigneur des Armées,
Ces Herauts de la Paix, ces Astres du matin,
Celebrent par leurs chants o glorieux destin,
L'ardente charité de leur Troupe immortelle
Prenant part au bon-heur qui n'est pas fait pour elle,
Les Bergers en paissant leurs paisibles brebis
Sur les prez, dont les fleurs émaillent les habits,
Sans crainte du Soldat, ou du bruit des trompettes,
Accordent les concerts de leurs douces musettes,
Dont les airs sont touchez, & leur cœur est ravy.
Mælibée, & Menalque excitez à l'envy
Forment un doux combat de leurs rustiques bouches
Sur la guerre qu'on laisse aux animaux farouches,
Chantent l'Astre nouveau de Cesar adoré,
Le retour de la Vierge, & du Siecle doré,
Dont le Prince & l'honneur de la Muse Romaine
Dans des vers immortels fit l'objet de sa veine,
Et tout ce qu'autrefois sous mille obscuritez
La Sybille couvroit de grandes veritez :
(Car dans vos sentimens, je ne sçaurois descendre,
Illustre Flavius, dont j'honore la cendre ;)
Ces Bergers innocens à l'écho des forests
Faisoient redire ainsi ces Mysteres secrets,
Qu'ils avoient retenus des anciens Oracles
Où la vieille Cumée exprimoit nos miracles,
Mais par des vers trompeurs dont les sens ambigus
Echapoient aux clartez des esprits plus aigus,
Comme de foibles jours, & de legeres ombres
Du vray culte couvert de mille voiles sombres.
Ces chants mysterieux calmoient donc les ennuis
Du travail des Bergers, & de leurs longues nuits,

Mais leurs ames bien-tost seront mieux éclairées
Par les brillans Herauts des voûtes azurées,
Qui leur annonceront la grace, & les appas
D'un bon-heur éternel qu'ils ne connoissent pas.
   Mais pendant que la Paix fait goûter ses delices
Cesar livre son ame à de nouveaux supplices :
La vaste ambition qui regne sur son cœur
Ne le rend pas content du titre de vainqueur ;
Il brûle de sçavoir jusqu'où s'étend sa gloire,
Pour se mieux applaudir, & flatter sa victoire,
Il commande il exige avec empressement
Que l'Univers entier souffre un dénombrement,
Afin que connoissant les forces de l'Empire,
Il goûte tout l'appas qu'un grand orgueil inspire.
Mais ayant consulté sa seule passion,
Sans un juste motif de son ambition.
Peut-estre que son cœur se reproche à soy-mesme
Le peu de fondement de cette ardeur extrême.
Il ne reconnoist pas que le Ciel dans son sein
A versé ce conseil pour un plus grand dessein,
Et que ce grand Edict qui paroist si profane,
N'est qu'une voix du Ciel qui le prend pour organe.
Son esprit orgueilleux ne peut s'imaginer,
Que pour executer ce qu'il vient d'ordonner
Une Vierge indigente, inconnuë à la Terre,
Mais precieuse au Dieu qui lance le Tonnerre,
Va quitter Nazareth, & ses murs odieux,
Afin de satisfaire à l'ordre imperieux
Qui l'expose aux dangers d'une rude montagne,
Avec ce cher Epoux qui par tout l'accompagne,
Et que ce couple obscur, & si peu respecté,
Doit arriver un jour dans la mesme Cité,

                                        D'où

D'où la grande Famille, & Royale, & Divine,
La Maison de David tire son origine :
Que cette Vierge Sainte est du Sang de ses Rois,
Qu'elle y porte son nom, comme sujette aux Loix
Que Cesar leur impose, & qu'elle y porte encore
Un Enfant, le seul Roy, le seul Dieu qu'elle adore,
Qui soûtient l'Univers par sa puissante Main,
Et n'aist Sujet, & Roy de l'Empire Romain :
Qu'enfin dans Bethléem, sa Cité memorable,
Elle doit accoucher de ce Fils adorable,
Afin que dans ce lieu ses vœux estans remplis
Les Oracles divins se trouvent accomplis,
Qui promettent qu'un jour une Vierge fœconde
Y doit donner naissance au Redempteur du Monde,
Et qu'en un lieu si bas, & si peu solemnel
L'Univers doit trouver son Salut Eternel.
Mais à quoy pensez-vous, Vierge, & Mere celeste,
De former un dessein qui paroist si funeste ?
Avez-vous oublié quel est vostre pouvoir,
Quel est vostre desir, quel est vostre devoir ?
Interrogés vostre Ame, & consultés vos forces.
Est-ce que le voyage a pour vous tant d'amorces,
En un temps où l'Hyver exerce sa fureur ?
Est-ce que vostre esprit ne conçoit point d'horreur,
Pour un chemin fâcheux, dont la Saison plus belle
Ne sçauroit adoucir la rigueur trop cruelle :
Un chemin qu'au Printemps les hommes les plus forts
Ne peuvent achever qu'avec de grands efforts ?
Et vous l'entreprenez, ô Vierge, & Mere Sainte,
En Hyver, quoy que fille, & quoy que fille enceinte,
Alors que vous touchez au terme rigoureux
Qui même dans un lict est toûjours dangereux,

B

Et vous vous expofez à toutes les difgraces
Des broüillars & des vents, des neiges, & des glaces.
A peine pourrez-vous dans cét horrible amas
Trouver voftre chemin au travers des frimats.
  Mais fi ny la rigueur, ny l'effroy des tempeftes,
Ny l'Hyver qui commence à fondre fur vos teftes,
Ny le foin du doux frui& de voftre chafte flanc,
Ny voftre propre vie, & voftre propre Sang,
Trop foibles pour lutter contre un cruel orage,
Ne peuvent empêcher ce perilleux voyage,
Au moins, fouvenez-vous que tout cét Univers
Seroit envelopé dans vos mal-heurs divers,
Que vous avez un corps, Vierge Sainte, & feconde,
En qui roule aujourd'huy l'efperance du Monde.
Vous portez dans le fein plus que tous vos Autels,
Ménagez mieux en vous le bon-heur des mortels;
Epargnez le Sauveur de la Nature humaine,
Et ne l'obligez pas à fouffrir voftre peine.
Va-t'en plûtoft, Jofeph, pour fon foulagement
Tout feul dans la Cité de ton dénombrement.
  Il fuffit de toy feul, ne commets que ta vie,
Endûre les perils où l'honneur te convie,
Sans expofer ainfi tes gages precieux
Aux plus rudes chemins, aux temps injurieux.
  Mais la Vierge foûmife aux refpeéts legitimes
Que rendent les fujets aux Puiffances fublimes,
Se veut facrifier au Souverain Pouvoir,
Et mefure fa crainte aux loix de fon devoir.
Sans balancer long-temps elle peut s'y refoudre;
Elle ne craint Hyver, vent, orage, ny foudre,
Elle ne craint pas même en cette extremité
L'orage furprenant de la neceffité.

Mais c'est bien justement que cette Vierge Sainte
Deffendoit à son cœur toute sorte de crainte.
Elle peut triompher des plus tristes revers,
Puis qu'elle a dans son sein l'Auteur de l'Univers.
Elle n'a pas ce Dieu que l'Avarice adore ;
Mais elle porte un Dieu, que par tout elle implore,
Un vray Dieu qui l'asseure, & qui prés de son cœur
Luy répond en secret d'un éternel bon-heur.
Ainsi dans l'appareil d'un chetif équipage,
La Vierge enceinte & foible entreprend ce voyage,
Et de peur que Joseph n'en arrestât le cours,
D'une masle assurance elle tint ce discours.
    Puisque le Roy des Rois lors qu'il nous donna l'estre
Nous soûmit icy-bas aux loix d'un second Maistre,
Rendons obeïssance à ses divines Loix,
Par nos soûmissions aux Ordres de nos Rois.
Ce Dieu qui de nos corps daigne faire son Temple
Peut en moy d'une femme en faire un grand exemple,
Et causer de la honte à ces lâches humains,
Qui dérobent l'hommage aux Empereurs Romains,
Et secoüant le joug des Princes legitimes,
Ayment mieux devenir esclaves de leurs crimes.
    A ces mots, son Epoux charmé de son grand cœur,
Est contraint de se rendre à ce discours vainqueur,
Et luy sert à l'instant de conduite fidelle,
Pour arriver aux lieux où Cesar les appelle,
A leur chere Patrie, à ce lieu glorieux,
Où la Terre a produit le Monarque des Cieux.
    Mais lâche Bethléem, ville ingrate & barbare,
Que tu reconnois mal une faveur si rare,
Qui t'a rendu le choix de ce Dieu triomphant,
Quand tu ne reconnois la Mere, ny l'Enfant.

Tu méprises ton Dieu, tu luy livres la guerre,
Luy qui t'a preferée au reste de la Terre,
Qui méprisant pour toy mille climats divers,
Te choisit pour Patrie en ce grand Univers;
Cette obscure Cité que le vray Dieu visite,
Des villes de Judée estoit la plus petite,
Et toutefois le Ciel par ses rares bontez
En fit dans l'Univers la Reine des Citez:
Je ne t'excepte pas, Rome la Souveraine,
Dont l'Empire avoit mis tout le monde à la chaîne,
Tu luy cedes aussi, Sainte Jerusalem,
Et tu te vois ravir ta gloire à Bethléem.
Tu luy cedes encor, Babyloné orgüeilleuse,
Dont la vaste grandeur parut si merveilleuse,
Et la haüteur sublime, & le superbe front,
Estonnant l'Univers fit au Ciel un affront.
Bethléem vous surpasse en plus d'illustres marques,
Elle est le lieu natal de ce Roy des Monarques,
Du Dieu qui doit un jour confondre vostre orgüeil,
Et de vos murs pompeux faire un triste cercüeil:
Elle produit ce Dieu desarmé du Tonnerre,
Et portant dans ses mains le salut de la Terre.
Elle contient en soy ce souverain des Dieux
Que ne peut contenir le plus vaste des Cieux.
En un mot Bethléem merite vostre hommage
Surpassant vostre gloire avec plus d'avantage,
Que les Astres du Ciel ne surpassent les fleurs,
Que la Reine des Nuicts ne surmonte ses sœurs,
Et que le Roy du Jour dans sa voûte éminente,
N'efface les clartez de sa sœur inconstante.
    Mais Cité mal-heureuse, avecque tant d'honneur,
Qui t'oppose elle-même à son propre bon-heur,

Qui n'acquitte ces dons, ces faveurs, & ces graces,
Que de cruels mépris, d'affronts, & de disgraces!
Qui donne pour Palais une Eftable à fon Roy,
Et paye ainfi l'honneur de le loger chez foy :
Ce Roy qui s'abaiffant à defcendre chez elle,
Quitte l'heureux féjour de fa gloire immortelle;
Et fes divins Eftats, & fes Palais brillans,
Et fes lambris dorez d'Aftres étincelans,
Et fon Thrône au deffus des Spheres étoilées,
Où l'on void éclater fes grandeurs dévoilées.
    Qu'elle eft donc ta fureur, infidelle Cité ?
Tu fuis ton Roy, ta gloire, & ta felicité.
Que dis-je, tu fais plus; car tu le mets en fuite,
Tu chaffes fa perfonne, & fon aymable fuite :
Sa Mere en qui le fruit d'une divine ardeur
Ne ravit point la gloire à fa fainte pudeur :
Qui par l'unique effet d'un Miracle fuprême,
Inconnuë aux mortels doit enfanter Dieu même.
La mere d'un mortel toucheroit tes efprits,
Et la Mere d'un Dieu n'obtient que des mépris.
Tu donne des lieux feurs à tes chaftes pucelles,
Et la Vierge divine à tes yeux eft moins qu'elles.
Mais s'il te peut refter quelque compaffion,
Pour un fi digne objet de ton affection,
Ton Peuple luy donnant le toiƈt qu'elle demande,
En cette feule Vierge aura fait double offrande :
Tu logeras en elle, & la Mere, & le Fils,
Comme un double dépoft, que le Ciel t'a commis,
Regarde leur mifere, écoute ta tendreffe;
Le Ciel t'en follicite autant qu'elle t'en preffe.
Que deux objets touchans excitent ta pitié,
Ou du moins que l'un d'eux gagne ton amitié.
                                    B iij

Si cette Vierge enceinte, indigente & modeste
Ne peut pas émouvoir ta dureté funeste;
Que ce fruict innocent qu'elle porte en son sein,
Dérobe à ta rigueur un sentiment humain.
O que si tu sçavois quel Enfant t'en conjure,
Tu te reprocherois d'avoir esté si dure!
Mais si tu ne vois pas ce gage precieux;
Attendant que le Ciel le produise à tes yeux,
Regarde cette Mere, & que la Vierge Sainte,
Porte jusqu'à ton cœur quelque pieuse atteinte.
Cette Mere est ta fille, & tu la mets au rang
D'une obscure Estrangere, & d'un indigne Sang.
Elle est du sang Royal de ces genereux Princes,
Qui t'ont rendu fameuse à toutes nos Provinces.
Elle porte en son flanc & ton Fils, & ton Roy,
Prend soin, Mere Barbare, & des tiens & de toy.
Tu perds en la perdant ton Prince legitime,
Et dans un seul forfait tu commets double crime.
Patrie inexorable à tes propres enfans,
Qui meritoient de toy des honneurs triomphans,
Cét enfant dans son sein t'a-t'il fait quelque offence,
Pour le bannir ainsi, même avant sa Naissance?
Cette Mere si Sainte, & son illustre Epoux,
Ont-ils par quelque crime allumé ton courroux?
Marie est un objet d'eternelle memoire,
Où regne la pudeur, & la Grace, & la Gloire,
Et le sage Joseph, son chaste & digne amant,
Est de tes Citoyens l'honneur & l'ornement.
Il touche avec Marie aux droicts du Diadéme,
Tu connois sa candeur, & sa douceur extrème :
Sa Naissance élevée, & ses saintes vertus
Triomphent tous les jours des vices abatus,

a

Et si ton traittement contr'eux est légitime,
Leur sainte pauvreté fait seule tout leur crime.
Ainsi donc sa vertu, ce tresor precieux,
N'a pas le moindre éclat pour briller à tes yeux.
La naissance, & le rang des Grandeurs Souveraines
Ne sont pour toy qu'un songe, & des qualitez vaines,
Et toute leur faveur ne peut rien meriter,
Si le luxe orgueilleux ne les fait éclater;
Si les perles, & l'or par leurs riches mélanges
De leurs habits pompeux ne tirent leurs loüanges
Comme si la splendeur d'un si glorieux rang
Estoit dans leurs habits, & non pas dans leur sang,
Et qu'enfin la vertu n'eust d'éclat, ny d'estime,
Que par ces monumens de nostre premier crime.
Tu le verras pourtant cet Enfant merveilleux,
Plus grand que ton David, & que tous ses ayeux,
Tu vas estre honorée en dépit de toy-mesme,
Par les premiers rayons de ce Soleil supreme,
Que ton Royal Prophete en des termes exquis,
Reconnoist pour Seigneur, aussi bien que pour Fils.
Manes du grand David, & vous hautes montagnes,
Et vous fleuves roülans dans ces belles campagnes,
Où le Berger Royal conduisoit son troupeau;
Ce prélude innocent d'un Empire si beau.
Je vous prens à témoins dans cette Sainte Histoire
D'un traittement si rude à ce Dieu de la gloire,
Que le Ciel n'a rien veu d'égal en cruauté
A cette impitoyable, & barbare Cité,
Ny le Lyon, ny l'Ours, dont la fierté sauvage
Sur vos tendres brebis eut signalé leur rage
Si le vaillant Berger ne les eût déchirez,
Lors qu'au cruel festin ils estoient préparez,

Et lors qu'en arrachant leurs dépoüilles sanglantes
Il en fit le joüet de ses mains triomphantes :
Ny l'horrible Geant, ce monstrueux humain,
Que le jeune Heros terrassa de sa main,
Alors qu'un coup de fronde, ainsi qu'un coup de foudre
Abatant le Tytan, luy fit mordre la poudre,
Et vengeant Israël de ce Blasphemateur
Fit rejallir la honte au front de son auteur,
Et porta jusqu'au Ciel le courage heroïque
Du Berger qui causa l'allegresse publique.
 Mais quel fer, quel acier, quels marbres, quels rochers
Ne s'amolliroient pas à des objets si chers,
Au visage si doux d'une Vierge si tendre,
Qui void tarir ses pleurs à force d'en répandre,
Et qui n'exprime plus sinon par des soûpirs,
Et des profonds sanglots ses cruels déplaisirs,
A cette perilleuse, & touchante grossesse,
Dont le terme expirant excite la tendresse,
Par un secret discours plus puissant que la voix ;
Mais il pourroit en vain leur parler mille fois,
Par tout on la repousse, & la Cité cruelle
Parmy tant de logis n'en a pas un pour elle.
Ils rejettent un Dieu qui remplit l'Univers
Qui peut les abîmer jusques dans les Enfers.
Ce Dieu de qui la main est l'appuy de leur ville,
Dans un lieu qu'il soûtient ne trouve point d'azile.
Les larmes de sa Mere, & leur triste discours,
Ne peuvent obtenir ny logis, ny secours ;
Ses paroles enfin qui ne sont pas plus fortes,
Trouvent les cœurs fermez, aussi bien que les portes.
 Est-ce là sa Patrie ? est-ce là charité ?
Le Commandement saint que Dieu même a dicté,

Au milieu des éclairs par la voix du Tonnerre,
Pour en mieux imprimer le respect à la Terre.
Pieté dont l'amour abandonne ces lieux,
Si le Peuple de Dieu combat la loy des Cieux ;
Où te trouvera-t'on, sur la Terre, ou sur l'Onde ?
Il faut pour te trouver chercher un autre Monde.
Mais est-ce là ce Peuple, & si cher à son Dieu,
Et separé du Monde en un si sacré lieu ?
Est-ce la venerable, & la digne semence
Qui du grand Abraham a tiré sa naissance :
Le Peuple circoncis, objet d'élection,
La Maison de la sainte & charmante Sion ?
Est-ce là cette Terre où la faveur divine
Fit un Roy d'un Berger d'une obscure origine,
Qui traittant aujourd'huy son Roy comme Estranger
Luy donne un moindre sort que celuy d'un Berger,
Pour n'ouvrir pas son sein à ce Roy des Monarques,
Elle ferme les yeux à ces visibles marques,
Des personnes, des temps, de la même Cité,
Prédites autrefois avec tant de clarté.
Loin d'écouter le Ciel qui parle en ses Prophetes,
Elle ferme l'oreille à ces grands Interpretes,
Et loin de consulter les oracles des Morts,
Tous ces sacrez Ayeux y perdent leurs efforts.
Ce Prophete Royal dont la main si sçavante
Fait retentir la voix de sa harpe éclatante,
Perd ses divins concerts, & ses accens vainqueurs,
Auroient plûtost émeu les rochers que les cœurs.
Que dis-je, les rochers ? par sa douceur extrême,
Sa harpe auroit plûtost adoucy l'Enfer même,
Cette harpe sçavante à charmer autrefois,
Et chasser les Demons du cœur même des Rois.

Cherchez donc, Vierge Sainte, un azile à vos couches,
Dans les antres profonds des animaux farouches,
Ils vous recevront mieux, & les plus indomptez
Dépoüilleront leur rage, en voyant vos bontez.
Les lionnes pour vous quitteront leurs tanieres,
Et les plus fiers lions abaiffant leurs crinieres,
Pour flatter vos malheurs vous viendront à l'entour
Compofer un beau cercle, & vous faire leur Cour.
Les Tygres plus cruels changeront de nature,
Feront honte aux humains qui vous font tant d'injure
Et perdant leur furie, & vous accueillant mieux,
Seront bien plus humains, & bien moins tygres qu'eux;
Vous ne verrez pas moins la nature changée
De l'Ourfe la plus rude, & la plus enragée,
Qui de l'humide creux de fon affreux rocher,
Par un humble refpeĉt viendra vous approcher,
Et vous prefentera quelques pièces fanglantes,
Du fang de fon butin encor toutes fumantes.
Les chênes les plus durs à la faveur du Ciel,
Diftilleront pour vous & le baume & le miel.
L'eau fendra les rochers par de vives fontaines,
Pour vous le Pain du Ciel defcendra dans les plaines.
La Nature à ce coup ne refufera pas,
Un femblable fecours, & les mêmes repas,
Au Dieu que vous portez, dont les bontez fuprêmes
Les ont donnez fouvent à fes Serviteurs mêmes.
Illuftres affligez dans cette cruauté,
Epargnez-vous la crainte en la neceffité.
Le pauvre fans couvert a le Ciel qui le couvre,
Et fans avoir befoin de Palais, ny de Louvre,
Favory du grand Roy de la celefte Cour.
A l'ombre de fon aîle il fait un doux féjour,

Et trouve en fa faveur plus feure, & plus fidelle,
Son vray pays natal, fa maifon paternelle.
  Mais ô Dieu Tout-puiffant qui conduis l'Univers,
Qui proteges les bons, & punis les pervers,
Tes yeux peuvent-ils voir une action fi noire,
Et l'amour de ton Fils, le zele de ta gloire,
Et cette Vierge Sainte, & fa jufte douleur
Ne t'émeuvent-ils point à vanger fon mal-heur.
  Grand Dieu s'il eft permis à la foiblefle humaine
D'ofer interroger ta raifon Souveraine,
Et d'ofer confulter fes Myfteres fecrets,
Dont mon obeïffance adore les decrets.
  Si tes yeux font trop purs pour regarder le crime,
Sans le precipiter dans l'éternel abyfme,
Pourquoy balances-tu la foudre dans les mains,
Sans en exterminer ces Peuples inhumains ?
Peux-tu bien confentir à tant de violence,
Sans qu'un éclat de foudre exprime ta vengeance ?
  Veux-tu favorifer cette injufte Cité,
Epargner fa malice & fon impieté,
Et defarmer ton bras des flames du Tonnerre,
En fimple Spectateur des crimes de la Terre.
  Cependant il eft vray que ton jufte courroux,
Pour de moindres forfaits a fait fentir fes coups,
Et lançant les carreaux de fa foudre allumée,
N'a fait des criminels que cendre, & que fumée.
  Quand la Terre embraffant la vengeance des Cieux,
S'ouvrit pour engloutir ces vains audacieux,
Qui méfloient au feu Saint une flame étrangere,
Sans crainte d'attirer les feux de fa colere.
  Ce ne fut pas auffi pour des crimes plus noirs,
Que Memphis infolente oubliant fes devoirs,

Commit ſes bataillons aux liquides murailles
Qui firent de leur Camp de triſtes funerailles.
Quand la mer Arabique ouvrant ſon vaſte flanc,
Excita leur ardeur de nager dans le ſang,
Et trompa la fierté qui penſoit dans ſes ondes
Faire une autre Mer rouge en leurs couches profondes,
En privant leur orgueil abîmé dans les eaux
Des ſuprêmes honneurs de leurs pompeux tombeaux:
En effet, ô grand Dieu, la race qui ſe vante
Qu'en ton ſervice Saint elle eſt ſeule ſçavante,
Et que tu l'as éleuë entre les Nations,
Pour en faire l'objet de tes affections,
Trahit inſolemment ſes devoirs legitimes,
Et par un ſeul forfait conſomme tous les crimes.
Elle bannit ſon Dieu, ſon vnique Sauveur
Dont elle doit plûtoſt implorer la faveur.
Tu prepares l'entrée en ton Palais ſuprême,
A ces divins objets de ton amour extrême,
Et ces Peuples ingrats à ta rare bonté
Leur ferment en tous lieux une indigne Cité.
Sur ſon Tyran Romain ſa lâche complaiſance,
Plûtoſt que ſur ſon Dieu fonde ſon aſſurance.
Par la Paix de Ceſar ſon eſpoir criminel
Luy promet vainement un bon-heur éternel,
Et la Paix qui la flatte au milieu des delices,
Etouffe la terreur des plus juſtes ſupplices.
    Mais ſans troubler nos cœurs d'un murmure inſolent
Contre le juſte Ciel qui nous ſembloit trop lent,
Admirons ſa Juſtice, adorons ſa Conduite
Qui donne aux grands forfaits une effroyable ſuite.
Le Juge Soûverain de la Terre & des Cieux,
A la fin vangera ſes crimes odieux,

Et

Et luy fera payer l'ufure de l'attentte
Par les coups d'une main plus rude, & plus pefante,
Mais fans plus differer, ce vangeur Tout-puiffant,
Preft à faire éclater fon courroux menançant
Forme déja fa foudre, & prepare fes armes
Qui la doivent remplir & de fang, & de larmes.
Sa Juftice ne peut-aprés ces maux foufferts,
Remettre fa vengeance aux peinés des Enfers,
Et va par des Demons qui luy livrent la guerre,
Sufciter à fa perte un Enfer fur la Terre.
Que je prevois de cris, de fanglots, & de pleurs,
De funebres accens, & de vives douleurs,
De dueils, d'ennuis mortels, & de plaintes ameres,
Qui perceront les cœurs des déplorables meres.
Avant que l'on ait veu deux nouvelles moiffons,
La mort moiffonnera leurs tendres nourriffons,
Pour vanger hautement cette Mere celefte
Qui receut dans leur ville un accueil fi funefte.
Que d'enfans immolés vont exciter leur cris,
Pour vanger cét Enfant l'objet de leur mépris.
Cette Terre cruelle, infenfible à fes charmes,
Inexorable aux cris, impitoyable aux larmes,
Va pleurer à fon tour par des pleurs differens,
Dont des larmes de fang vont faire les torrens.
Pour donner à fes maux une nouvelle fource,
Le laict avec le fang y confondra fa courfe,
Et ces torrens nouveaux coulants dans fes valons,
Feront bien cherement engraiffer fes fillons.
Je voy le fier Tyran de la trifte Judée,
Qui remplit fon efprit de cette noire idée,
Et forme l'execrable, & monftrueux deffein,
De porter à fon Dieu le poignard dans le fein.

C

Jaloux de cét Enfant dont là divine eſſence,
A les droits éternels de la Toute-puiſſance,
Il prepare déja ſon cruel attentat,
Contre tout Bethléem, & contre ſon Eſtat,
Et les ſacrifiant à ſa brutale envie,
Cauſe dix mille morts pour une ſeule vie.
Mais par un ſort divin cét Enfant merveilleux,
Abandonnant plûtoſt cét Eſtat perilleux.
Fait punir Bethléem par ce Tyran profane,
Comme par un Demon dont il fait ſon organe,
Ce Tyran qui de ſang ne pouvoit ſe ſaouler,
Vange par tout ce Roy qu'il penſoit immoler.
Il étouffe en ſon cœur la voix de la Nature,
Sa Politique trace une fauſſe peinture,
Qui ne peut déguiſer ſon injuſte fureur,
Et laiſſe à ſes bourreaux quelques reſtes d'horreur.
Ils ont beau s'animer dans leur noire furie,
Leur courage fremit à cette barbarie
Le murmure ſecret de leurs juſtes remors,
Fait balancer leur bras à donner tant de morts,
D'où vient, diſent entr'eux, ces malheureux complices,
Le deſſein étonnant de tant de ſacrifices?
Quels ſont ces grands forfaits dont les énormitez,
Forcent noſtre vangeance à tant de cruautez?
Quels étranges malheurs, quelles peſtes publiques,
Nous faut-il expier par des coups ſi tragiques?
Quel eſt ce nouveau droit dont les ordres preſſans,
Ne condamnent à mort ſinon des Innocens?
De quels coups, juſte Ciel, puniſſez-vous les crimes,
Si vous traittez ainſi d'Innocentes victimes?
  Mais ce n'eſt pas long-temps qu'un reſte de pudeur,
Conſerve l'homme en eux, & ſuſpend leur ardeur.

Je vois bien-toft changer ces miniftres coupables,
En monftres inhumains, en Demons execrables :
Bien-toft je vois tomber fous les coups de leurs mains,
Ces debiles enfans, cette fleur des humains,
Et ce Peuple naiffant, cette troupe imbecille,
Dans les bras maternels ne trouve point d'azile.
Par ces lâches bourreaux ils en font arrachez,
Sans que ces furieux puiffent eftre touchez,
Par ces tendres objets, qui pendus aux mammelles,
Succent à petits traits ces fources maternelles,
Payant avec des ris, & des baifers fi doux,
Ce fein plein d'un nectar dont ils font fi jaloux,
Ces deux vafes jumeaux, cette double fontaine :
Ou leur attachement, & leur ardeur eft vaine,
Puifqu'ils en font tirez par les mains des bourreaux ;
Brifez contre les murs, froiffez fur les carreaux.
Ou s'ils y font laiffez dans les bras de leurs meres,
Ce n'eft pas pour fouffrir des deftins moins feveres.
Je prevois un cher Fils de coups tout tranfpercé,
Inonder tout un fein du fang qu'il a verfé,
Sous ces cruels bourreaux dont les mains vangereffes
Ne font qu'un châp d'horreur, du châp de leurs careffes
Ils y periffent tous, & par un nouveau fort,
Dans le fein de leur vie ils rencontrent la mort.
Parmy tant de fureur, les meres defolées,
En leurs propres Enfans fe voyant immolées,
Rempliffent tous les airs d'épouventables cris,
Triftement confondus à la voix de leurs fils,
Qui font à leurs accens des Echos pitoyables,
Et fe meflant au bruit des armes effroyables,
De cent, & cent clameurs frapent les Elemens,
Et pouffent jufqu'au Ciel leurs affreux hurlemens.

De ces triftes concerts les maifons retentiffent,
La Terre leur répond, & les pierres gemiffent,
Sans que les affaffins plus durs que les rochers,
Se puiffent émouvoir par des objets fi chers,
Qui contre leurs bourreaux n'ont pour toute deffenfe,
Que la feule pitié qu'excite l'innocence,
Et qui pour fe vanger de leurs cruels malheurs,
Combattent feulement par des cris, & des pleurs.
Ces vifibles Demons pour fignaler leur rage,
Vont répandre par tout l'horreur, & le carnage,
Font rougir le Jourdain qui paroift en ces lieux,
Ainfi qu'une Mer rouge, & bien plus odieux,
Et plus femblable au Nil quand fes rives fecondes,
Hors de fon temps prefcrit virent croiftre fes ondes,
Par les torrens nouveaux du fang de tant de fils,
Qui furent immolez au Tyran de Memphis.
O Siecle infortuné ! pour peindre ton Hiftoire,
Je ne fçaurois trouver de couleur affez noire.
Malheur à toy, farouche, & perfide Cité,
Qui tournes contre toy ta propre cruauté,
Bethléem qui combas par ta fureur extrême,
A l'envy de l'Egypte, à te perdre toy-même,
Et qui par un aveugle, & contraire deffein,
Te portes à ton tour la guerre dans le fein.
Tes Peres autrefois fuyoient la Tyrannie,
Dont en perdant leurs fils l'Egypte t'a punie,
Et ton aveuglement, par un contraire fort,
Te rend contre les tiens, la caufe de leur mort,
Quand l'Egypte plus douce accorde un feur azile,
A ton fils que toy-mefme as banny de fa Ville,
Quelle conferve en luy, moins cruelle que toy,
Cent & cent Nations qu'il fauve fous fa loy.

Tu fais tomber fur toy les vengeances Divines,
Attirant fur les tiens ces pointes affaffines,
Qui privent d'heritiers ce barbare Pays,
Dont tu fermes l'entrée à ton celefte Fils.
Je vois tes champs fumans, tes maifons, tes bocages,
Tous degoutans du fang de tes precieux gages,
Jufqu'à l'Antre & la creche avec peine accordez,
Pour expier ta faute en font mefme inondez.
Dans les creux, dans les parcs, & dans les bergeries,
On vange tes fureurs par d'autres barbaries.
Tu n'as point de cachots qui foient affez fecrets,
Pour dérober tes fils aux fuprêmes decrets,
Et les meres en vain y cherchent leur refuge,
Sans pouvoir échaper leurs bourreaux, ny leur Iuge:
L'on y verra plûtoft fes tendres Innocens,
Decouverts par leurs cris à ces loups raviffans,
Qui fe ruant par tout fur ces agneaux paifibles,
Font leur grande Vertu de leurs crimes horribles,
Exerçant à l'envy ces meurtres criminels,
Devant des yeux trempés dans des pleurs maternels,
Fondant de tous coftez fur ces fleurs innocentes,
Comme des tourbillons fur des rofes naiffantes,
Ou comme le Tonnerre, & fes brûlans carreaux,
Sur l'hôneur du Printemps, & fur fes fruits nouveaux.
Mais ces heureux Martyrs des fautes de leurs peres,
En commençant la vie, achevent leurs miferes;
A peine ils font vivans qu'on les force à mourir,
On les croit Innocens, & dignes de perir,
Et confondant leur vie, & celle de leur Maiftre,
Ils meurent pour leur Roy, mefme fans le connoiftre,
On les immole tous pour en immoler un,
Et l'on donne en effet la couronne à chacun,

Ils ſont victorieux entrant dans la carriere,
Et trouvent dans la mort un Regne de lumiere.
   Ainſi, cruel Tyran, tes projets avortez,
Perdent aveuglement toutes tes cruautez,
Ton crime eſt ſans effet, ta Vengeance eſt trompée,
Et ta main dans le ſang s'eſt vainement trempée.
Le remors eſt le prix qui ſuivra tant d'horreurs,
Et qui te livrera toy-meſme à tes fureurs.
En te voulant vanger du Monarque ſuprême,
Par ta propre vengeance il s'eſt vangé luy-même.
Foible artiſan du crime, avec tous tes efforts,
Tu ne ſçaurois donner que d'inutiles morts,
Tu perds tant de ſubjets dont tu ne te peux plaindre,
Et laiſſes échaper le ſeul qui te fait craindre,
Ce tendre, & foible Enfant qui fait trembler les Rois,
Mépriſe en ſon exil tes tyranniques Loix,
L'Egypte le dérobe à l'excez de ta rage.
Mais pourquoy differer un moment ce voyage?
Pourquoy dés maintenant ſous un Ciel étranger?
Ne fuit-il ſon pays qui le doit outrager?
Que ne s'épargne-t'il cette injure fatale,
Et les maux qu'il reçoit de ſa terre natale?
Plût au Ciel que ſa Mere aux yeux de l'Univers,
Sur un char élevé dans le vague des Airs,
Emportât ce cher Fils, qui dans le ſein des nuës,
Traçât pour ce deſſein des routes inconnuës,
Et laiſſant une Terre indigne de leurs pas,
Vint deſcendre en ces lieux qui leur tendent les bras.
Quoy que depuis long-temps l'Egypte ſoit barbare,
Que contre le vray Dieu ſa fureur ſe declare,
Et tenant ſes Enfans pour ennemis jurez,
Mille & mille faux Dieux ſoient par elle adorez:

Que cette Terre aveugle en ses Dieux trop feconde,
Pour avoir trop de Dieux, soit fans Dieu dãs le Monde.
Qu'elle foit fi contraire au culte folemnel,
Dont la race d'Ifaac adore l'Eternel,
Que fes Dieux fuppofez, fes Dieux illegitimes,
Du vray Dieu d'Ifraël ne foient que les victimes,
Et que fes Dieux enfin moindres que les mortels,
S'immolent à la table, auffi bien qu'aux Autels;
Toutefois cette Terre orgueilleufe en richeffes,
Monftrueufe en fon culte, aveugle en fes foibleffes,
Surmonte Bethléem en generofité,
Et doit juger un jour fon inhumanité.
Ces illuftres bannis & Jofeph, & Marie,
Retrouvent dans Memphis comme une autre Patrie,
Qui loin de s'oppofer à leur jufte deffein,
Leur ouvre en mefme temps & fon cœur, & fon fein.
Bien loin de les reduire à d'obfcures étables,
On leur offre par tout des maifons charitables.
Ce Peuple genereux en eft fi fort charmé,
Qu'il leur en ouvre autant qu'on leur en a fermé :
Et fur tout cette Mere excite leur tendreffe,
A caufe du cher fruit de fa chafte groffeffe.
Mais rien n'eft merveilleux en cette charité,
Qui fait que les humains ont de l'humanité,
Puifqu'en ce mefme temps la Nature infenfible,
Semble le reconnoiftre, & voir fon Dieu vifible.
On dit que les forefts par des mouvements prompts,
Comme pour l'adorer, abbaifferent leurs fronts,
Et fembloient accufer ces citoyens farouches,
Qui parurent alors bien plus durs que des fouches.
Les arbres des vergers luy rendirent les bras,
Pour approcher des fiens leurs innocens repas,

Et courboient leurs rameaux d'un penchant favorable,
Pour presenter leurs fruits à ce Fils adorable,
Et pour avoir l'honneur que ses divines mains,
Pûssent cueillir des fruits qu'il fit pour les humains :
Ceux qui le conduisoient voyoient en effet croistre
Mille fleurs sous ses pas que son œil faisoit naistre :
Tous les champs à l'envy paroissoient embellis,
Pour luy faire un chemin de roses, & de lis ;
Et l'aymable zephir, de mille odeurs divines,
Parfumoit tous les airs des campagnes voisines.
C'est un bruit ancien qui court sur ce sujet,
Mais pour le plus certain que je prens pour objet ;
J'atteste sur la foy d'une divine Histoire,
De qui la verité consacre la memoire,
Que ces heureux bannis, sur les rives du Nil,
Pûrent par tant d'accueil adoucir leur exil,
Qu'au sein de la fureur & de l'idolâtrie,
L'exil fût mille fois plus doux que la Patrie,
Que tout leur déplaisir y fut d'avoir gemy,
Voyant le citoyen plus dur que l'ennemy,
Et le Peuple de Dieu paroistre plus barbare,
Que les Peuples du Nil, & le Tyran du Phare,
Qui font voir plus d'amour, & plus de pieté,
Pour les droits si sacrez de l'hospitalité,
Que ce Peuple insolent enflé de son Moyse,
Et des divines Loix qu'il blesse, & qu'il méprise.
La Cité de David ne reçoit pas son Fils,
Qu'un Satrape orgueilleux caresse dans Memphis.
Cette fiere Cité, dont l'arrogance extrême,
S'applaudit d'une Loy qu'elle outrage elle-mesme ;
D'une Loy qui n'est rien que tendresse, & qu'amour,
Qui ne fait qu'un Pays du terrestre sejour.

Qui par fon union en graces fi feconde,
Embraffe comme amis tous les Peuples du Monde;
Traitte comme habitans ceux qui font paffagers,
Et nous fait tous prochains jufqu'aux plus étrangers.
Bethléem, fi les tiens éprouvent ta colere,
Quels coups referves-tu pour la haine étrangere?
Ceffe de te vanter qu'autrefois tes Ayeux,
Ont furmonté l'Egypte, & fon Prince orgueilleux,
Et ne te flatte plus de l'éclat des miracles,
Dont le Ciel les arma, pour forcer les obftacles,
Qu'avoit formez contr'eux ce Monarque obftiné,
Dont l'orgueil fut vaincu par un Peuple enchaîné,
L'honneur de tes Ayeux n'éclaire que ta honte.
Maintenant à fon tour l'Egypte te furmonte.
Et fon dernier triomphe eft plus beau que le tien,
Ifqu'elle te furmonte, en te faifant du bien :
Tes enfans dans fon fein font ta honte, & fa gloire,
Et font par fes faveurs éclater fa Victoire.
Car enfin quand la haine entre vos Nations
Rallumeroit la guerre, & fes diffentions;
Quand cette Vierge Sainte au milieu des allarmes,
Sans craindre ny le bruit ny la fureur des armes,
Expoferoit fon Fils fur les bords écumans
De ce fleuve fecond dans fes débordemans,
Tes eaux, celebre Nil, au lieu d'être fatales,
Le recevroient bien mieux que fes Terres natales.
On verroit à l'envy tes flots impetueux,
Vers fon foible berceau d'un pas refpectueux,
Venir baifer les bords de la couche flottante,
De ce vray Dieu des Eaux qui calme la tourmente :
Pour ce Dépoft facré tes joncs, & tes rofeaux,
Paroiftroient empreffez à former des berceaux,

Soûtenant aiſément ſur tes eaux vagabondes,
Celuy qui ſans vaiſſeaux peut marcher ſur les ondes.
Ta Princeſſe à l'inſtant paroiſtroit ſur tes bords,
Et pour l'en retirer feroit tous ſes efforts :
Et le voyant ſi beau par un ſecret myſtere,
Pour le faire allaiêter le rendroit à ſa mere :
Le feroit élever dans ſon riche Palais,
Et charmée à l'aſpeêt de ſes divins attraits,
Luy donneroit la pourpre en ſes tendres années,
Comme un droit éclatant des Teſtes couronnées,
Et reconnoiſtroit meſme en l'adoptant pour ſoy,
Qu'il meritoit de naiſtre, où qu'il eſtoit né Roy.
Mais chez toy Bethléem, ce Roy de la Nature,
Naiſt dans l'abbaiſſement dans une Eſtable obſcure,
Au deſſous des mortels, & chargé de leurs maux,
Trouve un ſort au deſſous du ſort des animaux.
Chacun d'eux eſt logé comme ils le doivent eſtre,
Mais ce n'eſt pas un lieu pour un Roy qui doit naiſtre :
Les Oiſeaux ont des nids, les Renards ont des creux,
Mais ce Royal Enfant ſemble encor moins heureux,
Puis que l'authorité de ſa Toute-puiſſance
Ne peut trouver un lieu commode à ſa Naiſſance,
Et que par nos pechez il fait voir aujourd'huy
Qu'avant qu'entrer au Monde il a ſouffert pour luy.
Sa Mere dans ſon cœur en reſſent les atteintes,
Son cher Fils dans ſon Ame éleve mille craintes,
Ne trouvant pour l'accueil de ce Roy Souverain,
Sinon des cœurs d'acier, & des portes d'airain :
Pendant l'affreuſe nuiêt d'un Hyuer redoutable,
Qui ſaiſiſſant ſon Corps d'un froid inſupportable,
Perce juſqu'à l'objet de ſes tendres amours,
Qui d'un muet langage appelle ſon ſecours,

Et semble impatient de visiter la Terre,
Qui va luy declarer une mortelle guerre.
Adorable transport de son cœur genereux,
Qui de ses ennemis le rendant amoureux,
Avec empressement aspire à la lumiere,
Qui doit luy faire voir sa sanglante carriere,
Et luy montrer là-haut tous les Astres épars,
Qu'il n'avoit jamais veu qu'abaissant ses regards.
La Vierge en même temps prés du glorieux terme
De cét Enfant si grand qu'en son sein elle enferme,
Occupant sa pensée en un mortel ennuy,
S'assure pour soy-même, & ne craint que pour luy.
Son cœur cruel pour elle, & pour luy tout tendresse,
D'une secrette horreur entretient sa tristesse,
Et sa crainte pour luy d'un funeste mal-heur,
N'a point d'autre plaisir qu'à plaindre sa douleur.
Mais son cœur tout percé de ces rudes atteintes,
S'efforce vainement à devorer ses plaintes;
Elle a pour tout secours en son enfantement,
Et dans ces tristes lieux un Epoux seulement.
Excepté ses regards sur cét Epoux fidelle,
Qui partageant ses maux les redouble avec elle,
Pour pouvoir adresser heureusement ses yeux :
(O honte de la Terre) elle n'a que les Cieux,
Et se tournant aussi vers ces voûtes brillantes,
Exprime ainsi l'éclat de ses douleurs touchantes.
     Je serois trop heureuse au milieu de nos maux,
Si de celestes yeux daignoient voir nos travaux,
Ou si le Ciel couvert des plus noires tenebres,
Envelopant son front de mille ombres funebres,
Ne sembloit nous cacher son visage irrité,
Pour refuser au mien son aymable clarté,

Et pour nous conſoler dans nos douleurs ameres,
D'un ſeul de ſes rayons éclairoit nos miſeres.
Et vous Saints Citoyens du Palais Souverain,
Qui pour mes triſtes vœux a des globes d'airain.
Beaux Aſtres qui formez la brillante couronne,
Du Monarque des Cieux, par l'éclat qu'il vous donne:
Anges, dont le ſecours eſt ſi doux aux Mortels,
Qui pour voſtre Monarque élevent des Autels:
Toy, ſur tout, favorable & celeſte interprete
De mes heureux tourmens, dont tu fus le Prophete,
Quand tu vins annoncer à ma virginité,
L'incomparable honneur de ſa fecondité,
Et remplis mon eſprit d'une chaſte épouvante,
Qu'un Dieu trouva ſa Mere en ſa ſimple Servante,
Ce ſeroit maintenant, en l'eſtat où je ſuis,
Que vous devriez deſcendre & calmer mes ennuis.
Vos diſcours animez d'une divine flame,
Seroient plus importans à conſoler mon ame,
Que lors qu'en Nazareth, j'ay veu de ſi beaux jours,
Et j'aurois plus beſoin d'un ſi puiſſant ſecours;
Mais toy, Pere Eternel de leur troupe immortelle,
Si ſoûmiſe à tes Loix, ſi prompte, & ſi fidelle;
Arbitre Souverain de la Terre & des Cieux,
Daigne leur ordonner de venir en ces lieux,
Et de me ſecourir dans la dure ſouffrance,
Qui par tant de mal-heurs éprouve ma conſtance.
Monarque Tout-puiſſant dont j'adore les loix,
Vueille preſter l'oreille & le cœur à ma voix;
Et ſi mes déplaiſirs me coupent la parole,
Daigne entendre ce cœur que ma douleur t'immole,
Qui ſe ſert de mes yeux pour parler à ton cœur,
Par le diſcours des pleurs plus fort que ta rigueur.

Nous

Nous sommes, Dieu puissant, le rebut & la fange
De nostre lieu natal sans que ton bras nous vange.
En quels lieux, Dieu tout bon, ta Saincte volonté
Nous a-t'elle exposés à tant de cruauté.
Suis-je donc cette femme, & cette Vierge heureuse,
Des Vierges la premiere, & la plus glorieuse,
Que ton Ministre saint par ton Commandement,
Nomma d'un sexe entier la gloire, & l'ornement :
En qui le Ciel versant ses faveurs nompareilles ;
Devoit faire éclater de si grandes merveilles.
Dois-je donc aspirer', dans ce prophane lieu,
A ces grands noms de Fille & de mere d'un Dieu ;
Et dois-je me flatter, dans mes destins severes,
D'estre la plus illustre, & la Reine des Meres,
En qui le Ciel promit qu'il formeroit un jour,
Un Chef-d'œuvre éclatant de puissance & d'amour,
Moy qui suis aujourd'huy, dans ce lieu miserable,
Des meres, la plus triste, & la plus déplorable,
Moy qui suis, dans un lieu si barbare à mes cris,
Des Meres le rebut, la fable, & le mépris.
Mais mon seul interest ne m'ouvre pas la bouche,
C'est ton Fils, Pere Saint, dont la gloire me touche.
L'excez de mon bon-heur, fait celuy de mes maux,
Le comble de ma gloire augmente mes travaux,
Et je crains que ma crainte, & ma douleur profonde
Ne blessent dans mon sein le Monarque du Monde.
Peus-tu donc negliger l'objet de ta faveur,
Et le propre salut de ce divin Sauveur ?
Seroit-ce donc en vain que ta bonté suprême,
Pour produire ce fruict de ton amour extrême,
Fit descendre du Ciel ton esprit dans mon sein,
Tout couvert des splendeurs dont il le rendit plein.

D

Quand ses rayons cachez dans l'ombre impenetrable,
Où se devoit former ce Chef-d'œuvre adorable,
Firent par un miracle à nul autre pareil,
Dans le sein de la nuict éclorre le Soleil,
Et firent habiter en moy, comme en son Temple,
Ce Dieu sous un nuage, où la Foy le contemple ;
Ce gage si sacré, ce Fils si precieux,
Et qu'il faut que j'expose en ces funestes lieux,
Qu'il faut par un destin que je ne puis connoistre,
Peut-estre voir mourir, au moment qu'il va naistre ;
Peut-estre voir détruit par ces lâches humains,
Dont il tient le salut, & la gloire en ses mains.
Ainsi dans les tourmens de ma peine amoureuse,
Si je dois esperer ce beau titre d'heureuse,
Ce sera donc la voix de la Posterité,
Qui flatera mon nom de cette qualité ;
Mais le Siecle present qui void ma destinée
Me doit donner le nom de Mere infortunée,
S'il est vray, Pere Saint, que ton divin courroux,
Comme nos Citoyens, est armé contre nous ;
Que comme Bethléem dans ses rigueurs plus fortes
Ton Ciel dur à nos cris ferme toutes ses portes,
Et que nous n'éprouvons sous les coups de ta main,
Qu'une Terre de fer, avec un Ciel d'airain.
Mais la douleur m'emporte, ô Monarque sublime,
Ny tes Cieux, ny ton cœur ne sont fermez qu'au crime ;
Tu tiens mesme toûjours ces Globes éternels,
Quoy que fermez au crime, ouverts aux criminels ;
Pourveu que detrompez du faux brillant des vices,
Ils fassent de leurs cœurs, de vivans sacrifices,
Et qu'ils plombent leur sein de tant de coups divers ;
Que par ces heureux coups les Cieux leur soient ouverts.

La Fille d'Abraham dans ta Sainte alliance
Doit encore espérer contre toute apparence,
Puis qu'en la Region des ombres de la Mort
Tu répans la clarté qui nous conduit au Port.
Quand ton Ministre Saint m'anonça la promesse
Du miracle inoüy de ma chaste grossesse ;
Mon esprit combattu par mes sens agitez
Prit pour des visions ces Saintes veritez,
Pour des Songes charmans, dont la douce imposture
Promettoit à mon sein l'Auteur de la Nature,
Et que ma pureté conservant son bon-heur,
Sa fecondité mesme accroistroit mon honneur.
Et pourtant ce Miracle au dessus des miracles,
A vaincu la Nature, & remply tes Oracles.
Daigne aussi dans l'estat où tu nous vois reduits,
De tes yeux penetrans dans les plus noires nuits,
Par leurs plus doux rayons écartant nos nuages,
Porter un heureux jour dans nos cruels orages.
Autour de nos destins, grand Roy de l'Univers,
Qui produis tous les jours cent miracles divers ;
Le feu de ton amour suffit pour nous conduire ;
Pourveu que sur nos maux sa clarté daigne luire.
Tu peux par tes faveurs surmontant nos souhaits
Au milieu des deserts nous bâtir des Palais,
Ou chez nos Citoyens calmant nostre disgrace,
Faire de ces rochers des enfans de ta grace.
Tu peux sans t'émouvoir par tes regards vainqueurs
Nous ouvrir leurs maisons aussi bien que leurs cœurs,
Toy qui sans nul effort de ta main Souveraine,
Tiens la Terre en balance, & l'Enfer à la chaîne.
A ces mots elle suit dans des travaux si durs,
Des chemins inconnus, & des sentiers obscurs,

Où l'esprit en suspens de cette Vierge errante,
Ne peut fixer l'objet de sa route inconstante.
Déja ce grand Ouvrage & ce moment fatal
Qui doit donner au Monde un second jour Natal,
Presse la Vierge Sainte avecque tant d'instance,
Par le conseil secret de cette Providence,
Qui va dans la bassesse, & dans l'obscurité
Faire naistre la gloire, & l'immortalité;
Que l'unique secours du Ciel qui la gouverne
Ne luy presentant rien qu'une obscure caverne,
Cette Mere divine, hors de tout autre espoir
Est contrainte d'entrer dans un antre si noir,
Où l'endroit le plus propre & le plus souhaitable,
N'est que le simple coin d'une chetive Estable.
Mais c'estoit le secret de ce divin conseil;
Qui par l'humilité d'un Sauveur sans pareil
Devoit dans une Estable en une nuict profonde,
Produire ce Berger, & cét Agneau du Monde.
  Aussi comme l'on void sans force, & sans douleur,
Sortir hors de sa tige une nouvelle fleur,
Ou comme en un bel arbre on void un fruit aimable
Qui s'est produit du sein d'une fleur agreable,
Ainsi ce fruit divin par sa Nativité
Sort de la chaste fleur de la Virginité,
Et son brillant éclat dans ces demeures sombres,
Comme un Soleil naissant fait écarter les ombres.
Dieu regarde du Ciel ce fruit si glorieux,
Et le Ciel pour le voir semble ouvrir tous ses yeux.
Mais ce divin Enfant, où Dieu s'unit à l'homme,
Où leur sainte alliance icy-bas se consomme,
Cache le Dieu sous l'homme, en ce lieu de douleurs,
Et couvre son éclat sous les eaux de ses pleurs,

On y void feulement l'homme qui fe declare,
Rempliffant de fes cris ce lieu trifte & barbare.
Mais fi le Dieu caché cede à l'homme en ce lieu,
Tout rend de tous coftez homage à l'Homme-Dieu,
Pour refpecter fes cris tout eft dans le filence,
Le rocher feulement répond à fa fouffrance.
L'on n'oit plus à l'entour ny le bruit des troupeaux,
Ny béeler les brebis, ny mugir les taureaux;
Ny braire l'animal au ftupide genie,
Qui formoient de ce Dieu l'indigne compagnie.
Mais la Terre fe taift pour écouter les Cieux,
Dont l'airain retentit de chants delicieux.
Les celeftes Efprits, ces Legions aifées
Qui brillent au Palais des fpheres eftoilées,
Pouffent de toutes parts dans les Cieux & les airs,
L'éclatante douceur de leurs charmans concerts.
Leurs aymables accords font ceffer le Tonnerre,
Pour publier la Paix du Ciel avec la Terre.
Tous ravis du bon-heur du terreftre féjour,
Ils volent à l'envy dans la celefte Cour;
Et ces Chantres divins par leurs faintes merveilles,
Enchantent à la fois les cœurs & les oreilles.
Un triomphe pompeux éclate au Firmament,
A la gloire d'un Dieu qui naift obfcurement.
On y dreffe par tout l'appareil magnifique,
Pour celebrer au Ciel une fefte publique;
Et de ce jour Natal faire un jour folemnel,
A ce grand Heritier né d'un Pere Eternel.
Et ce Fils bien-aymé que le Ciel nous envoye
Y redouble l'amour, & la Grace, & la Joye.
Ces Peuples couronnez qui regnent dans les Cieux
Répondent au doux bruit des fons harmonieux,

Des lyres, & des voix, dont les chœurs des saints Anges
Font resonner par tout de si justes loüanges,
Et chantent à leur tour d'un concert ravissant,
Ce Chef-d'œuvre éternel du Pere Tout-puissant.
Tous les Cieux animez par ces Intelligences
Y répondent aussi de leurs douces cadences;
Et redoublant l'éclat de leurs riches flambeaux,
N'ont jamais esté veus plus brillans, ny plus beaux.
Dieu même environné de feux inaccessibles
Adoucit ses rayons, & les rend plus paisibles.
En faveur de son Fils, ce Pere Souverain
Authorise la Paix, d'un visage serein;
Il dépoüille le Dieu qui lance le Tonnerre,
Et prend les sentimens de Pere de la Terre.
Sur son front couronné d'une aimable clarté
On void regner l'Amour avec la Majesté;
Et dans ce double objet sa Face plus auguste,
Unit les qualitez & de Bon & de Juste.
O que ce favorable & doux temperament,
Ce salutaire éclat brille differemment
Du terrible appareil où sa face allumée,
Parmy des tourbillons de flame & de fumée,
Sur le mont Sinaï descendant par les Airs,
Dans un char tout armé de foudres & d'éclairs,
Fit retentir du son des trompettes horrisantes,
Ses rochers fremissans, & ses vennes fumantes
Fit sortir de ses yeux mille feux devorans,
Roulans de toutes parts leurs horribles torrens,
Et portant la terreur jusqu'au sein des Montagnes,
Sous son Peuple tremblant fit trembler les campagnes,
Et d'un air menaçant, d'un ton imperieux
Esgouverna la Terre, & fit pâlir les Cieux.

Aussi dans ce beau jour sa bonté paternelle,
Traitant avec le Monde une Paix éternelle,
Tous ces Ministres Saints, ces celestes Esprits,
Qui couronnent son Thrône en paroissent surpris,
Et tout pleins des transports d'une allegresse extrême
Aux portes du Palais de l'Empire suprême,
Courent pour contempler un Miracle si doux,
Dont la Terre est ravie, & le Ciel est jaloux.
Mais, sur tous ces Esprits messagers favorables,
Qui portent icy-bas ses ordres adorables,
D'un mystere si grand paroissent si charmez,
Que dans la vive ardeur, dont ils sont enflammez,
La curiosité de ces Troupes ailées,
Voudroit abandonner les plaines étoilées,
Et pour voir de plus prés l'objet de leur amour,
Prefereroit la Terre au Celeste séjour.
Leurs vœux innocemment sont attachez au monde,
Pour y chercher un Dieu d'humilité profonde.
Loin de prendre en ce jour l'essor ambitieux
De vouloir s'élever par dessus tous les Cieux,
La sainte ambition qui des a pû surprendre,
N'aspire qu'à la Terre, & voudroit y descendre.
Ils doutent qui d'entre-eux aura l'illustre employ,
D'annoncer aux mortels leur Sauveur, & leur Roy :
Qui du nombre infiny de leurs Intelligences,
Recevra ce grand prix de ses obeïssances.
Et ces Anges amis, & porteurs de la Paix,
Combattent seulement pour ses justes souhaits.
Ils sont tous en suspens, leur esprit se partage,
Et tous remplis d'ardeur pour cet heureux voyage,
A la porte du Ciel, d'un desir sans égal,
Comme en une barriere attendent le signal.

D iiij

C'eſt ainſi qu'aux combats du ſpectacle Olympique,
Des courſiers genereux, dans l'ardeur qui les pique,
S'échauffent par avance, & d'un cœur indomté,
Pour courir les premiers animent leur fierté.
Tout remplis de ſueur élevans la pouſſiere,
Ils paroiſſent brûlans d'entrer dans la carriere ;
Mais avant le ſignal qui doit y conſentir,
Par les loix de la courſe empéchez de partir,
L'impatient tranſport dont l'ardeur les conſume,
Leurs yeux étincelans du feu qui les allume,
Leur ardente action, & leur emportement,
Demandent l'ordre exprés de courir promptement,
Et dans leur cœur boüillant la chaleur dominante
Apelle inceſſamment la trompette éclatante.
  Mais ces divins Eſprits dont l'étude & les ſoins
Les attachent ſans ceſſe à ſe rendre témoins :
Et grands obſervateurs des celeſtes Oracles,
Et des temps, & des lieux de leurs ſacrez ſpectacles,
Contemplent ce ſalut qui les rend ſatisfaits,
Sans avoir nulle part à ſes heureux effets.
Au Palais ſouverain, ces legions brillantes
Abbaiſſent humblement leurs teſtes éminentes,
Se panchent vers la Terre, y portent leurs regards,
De leurs yeux penetrans cherchant de toutes parts,
Afin de découvrir ces objets ſalutaires,
Et deſirant de voir le fond de ces myſteres,
Ne ſe peuvent laſſer d'admirer en ces lieux,
Ce trop indigne toit d'un Dieu ſi glorieux,
Cét adorable Enfant dont l'amour les tranſporte,
Ce Pere trop heureux du ſeul titre qu'il porte,
Cette Mere où le Ciel ſignalant ſa faveur,
Pour l'amour des Mortels a produit leur Sauveur =

Epouse, Vierge, & Mere où la chasteté brille,
Et qui d'un Fils sans Pere est la Mere & la Fille :
D'un Fils qui naist toûjours de son Pere Eternel,
Et qui naist dans le temps de son sein maternel.
Comme un Mage sçavant qui consulte les Astres,
Pour lire dans le Ciel nostre heur ou nos desastres,
Si quelque Astre nouveau se presente à ses yeux,
Il redouble à l'instant son desir curieux,
Et met tout le secret de son Art en usage,
Incertain des effets que son feu nous presage.
Parmy tant de flambeaux dans tout le Ciel épars,
Il arreste en luy seul son cœur, & ses regards,
Il y veille attentif, & ses foibles paupieres
Pour contempler ses feux épuisent leurs lumieres.
Ainsi ces purs Esprits du haut du Firmament,
Regardent tout ravis dans ce bas Element,
Comme en un autre Ciel, cét Astre incomparable,
Qui même en sa Naissance est au Ciel adorable :
Qui fait voir son ouvrage en ce que nous voyons,
Et dont le Soleil même emprunte les rayons.
Les Cieux ont beau briller, la Terre les surmonte ;
Leurs Astres n'y font voir que sa gloire, & leur honte.
Son Globe que les Cieux admirent à leur tour,
Dans une obscure nuit fait naistre un plus beau jour.
La Terre a son Soleil, sa Lune, & ses Estoiles,
Dont la nuict des Enfers, & ses plus sombres voiles,
Ne sçauroient effacer les divines beautez,
Ny même soûtenir leurs celestes clartez.
Ses beaux feux nuit & jour icy bas vont reluire,
Et les Cieux dans la Terre auront dequoy s'instruire.
C'est le plus grand objet des Esprits glorieux,
Qui pour l'étudier veillent avec les Cieux.

Comme s'il ne falloit pas un théâtre moins ample,
Pour cet Astre divin que tout le Ciel contemple.
Ces Princes habitans du Celeste Palais,
A le considerer portent sous leurs souhaits :
Preferent ce seul Astre à toutes les Lumieres
Qui sont dans le pourpris des celestes carrieres,
Et pour estre plus prés de leur unique amour ;
Vont descendre bien-tost de leur divin séjour.
Ce n'est pas seulement ces troupes éclatantes,
Dont Dieu fait dans le Ciel ses bandes triomphantes,
Qui les yeux éblouïs de ses vives splendeurs,
Environnant son Thrône, adorant ses grandeurs :
Témoignent leur amour pour cét Enfant celeste,
Qui sauve l'Univers de son destin funeste.
Le Pere Souverain de la Terre & des Cieux,
De son Thrône élevé daignant jetter les yeux,
Pour voir tout l'Ocean, ce champ de tant de voiles ;
Cét Empire inconstant des vents, & des Estoiles :
Les celebres Citez, les plus fameux Estats :
Les thrônes éclatans des plus grands Potentats :
Jerusalem la Sainte, & les Palais splendides,
Les faistes orgueilleux des vastes Pyramides,
Qui jusques dans le Ciel élevant des tombeaux,
Vont irriter sa foudre, & braver ses flambeaux :
Le Pompeux Capitole, où Rome imperieuse,
Avecque tant d'éclat paroist victorieuse :
La grande Babylone, & ses murs étonnans,
Soûmis à la fierté des Parthes dominans.
Ce grand Dieu ne voit rien dans les grandeurs du Monde,
Ny dans tous les tresors de la Terre, & de l'Onde,
Que produit la Nature, & que forment les Arts,
Qui soit un digne objet de ses divins regards :

Les Cieux mesmes armez des flâmes du Tonnerre,
Tous brillans des flambeaux qui luisent à la Terre;
Ces suprêmes Palais, ces Globes spacieux
N'ont point assez d'appas pour arrester ses yeux,
Au prix de cet Enfant, & de sa sainte Mere,
Le spectacle plus doux que son cœur considere.
On diroit que ses yeux, qui d'un ardent amour,
Veillent pour tout le Monde, & la nuit, & le jour,
Sur ces plus chers objets, dignes de son estime,
Fixent tous les rayons de leur clarté sublime.
Ce Soleil increé dont l'infiny pouvoir
Parcourt tout l'Univers sans jamais se mouvoir,
Qui voit en un instant tout ce qu'il a de rare,
Et toutes les beautez dont la Terre se pare :
La richesse des fruits, & la pompe des fleurs,
Dont ce Peintre Adorable a meslé les couleurs :
Les fleuves arrosant les terres alterées
D'un argent vif & pur sur des rives dorées :
Ce grand œil qui void tout, ne voit rien de pareil
A ces champs éclairez par ce nouveau Soleil :
Au Jourdain qui void naistre en sa rive paisible
Le visible portrait du Soleil invisible :
A ces humbles couverts, à ces toits passagers,
Qui servent de retraite à de simples Bergers.
L'Estable est preferée aux thrônes plus illustres,
La Cabane aux Palais, & la Creche aux balustres.
Et ce Pere Eternel voyant naistre icy-bas,
D'une Vierge si pure, un Fils si plein d'appas,
Reconnoît que jamais il n'a veu de merveilles,
Plus dignes d'attacher ses yeux & ses oreilles,
De partager l'amour & le zele des Cieux,
Et de les attirer en ces terrestres lieux.

Quand ce grand Artisan, dont l'homme est la peinture
D'un art miraculeux enfanta la Nature,
. Et s'aplaudit en soy des chef-d'œuvres divers,
Que forma sa parole, en formant l'Univers:
Il eut moins de plaisir, qu'en ce temps ou le Monde
Produisit à son tour sa Parole feconde.
. Son Esprit moins content vit naistre le Soleil,
Qu'il ne vit le Berceau de ce Fils sans pareil,
Et vit plus satisfait son heure desirée,
Que briller tous les feux de la Voûte azurée.

POËME
SVR
LA NAISSANCE
DE
IESVS-CHRIST.

LIVRE SECOND.

CEPENDANT cette Vierge, en qui la pureté
S'vnit heureusement à la fecondité,
Sent alors sa belle Ame également atteinte,
De plaisir, & d'espoir, de pudeur, & de crainte.
De tous ces mouvemens qui partagent son cœur,
Chacun semble aspirer à se rendre vainqueur,
Et d'vn pouvoir égal leurs forces balancées
Laissent tous en suspens ses vœux, & ses pensées.

E

Tantost, d'un doux trasport; ce beau present des Cieux
Tire par ses attraits des larmes de ses yeux.
Ce n'est plus la douleur dont l'effort les envoye,
Les pleurs qu'elle répand sont enfans de sa joye,
Et ses larmes tombant sur un éclat vermeil,
Fondent comme une pluye aux rayons du Soleil.
Ce saint ravissement s'vnit à l'esperance,
Qui nourrit le plaisir, & forme l'asseurance.
Son esprit banissant un triste souvenir,
Le present luy répond d'un heureux avenir,
Et ces deux passions semblent avoir la gloire
De pouvoir s'assurer une entiere victoire.
Mais ce cher Fils la joye, & l'espoir de son cœur,
Excite aussi sa crainte, & cause sa pudeur :
Si la peur des perils de sa sainte grossesse,
Par son heureux succez se change en allegresse,
Une nouvelle crainte y succede à son tour,
Qui voyant exposer l'objet de son amour
Aux incommoditez d'un sejour si sauvage,
Luy fait apprehender quelque nouvel orage.
Mais la crainte n'est pas l'vnique mouvement,
Dont la joye, & l'espoir souffrent le sentiment,
La pudeur vient encore accompagner la crainte,
Et forme dans son ame une innocente plainte,
Ce double mouvement diversement agit,
Et la Mere triomphe, & la Vierge rougit,
Estimant qu'en l'estat de son vœu legitime,
La gloire de la Mere à la Vierge est vn crime.
Et la Vierge, & la Mere en leurs vœux opposez
Font dans vn seul sujet deux sujets divisez,
Elle n'a pas regret d'une si haute gloire,
Et pourtant sa pudeur a quelque peine à croire,

Que ce double bon-heur qu'on n'a jamais veu joint,
Par un si beau concert ne se détruise point.
Sa gloire delicate en fait quelque murmure,
Estimant que jamais elle n'est assez pure,
Et fait de la couleur dont la vertu se peint,
Un voile officieux qui couvre son beau teint,
Et qui fait assez voir que sa pudeur extrême,
Doit rougir seulement de sa gloire suprême.
  Mais comme nous voyons aux portes d'Orient
L'Aurore qui rougit d'un visage riant,
En voyant le Soleil dont l'éclat la surmonte,
Et de qui les rayons font sa gloire, & sa honte.
Ses feux sont satisfaits quoy qu'ils soient surmontez
Par le char lumineux de ce Roy des clartez.
Cette fille qui naist, & marche avant son pere,
Avant ce grand Flambeau que tout le monde espere,
Semble aussi se parer de cet éclat vermeil,
Pour témoigner sa joye au lever du Soleil,
Et paroist à nos yeux triomphante & ravie
D'avoir pour Successeur ce Pere de la vie,
Ce Monarque du jour qui naist, & se produit
Du beau sein de sa fille, en l'ombre de la nuict.
Ainsi dans ce moment cette Aurore divine,
Dont un Soleil divin tire son origine,
Accorde dans son cœur ces mouvemens divers,
En donnant la Naissance au Roy de l'Univers.
Toutes ses passions le cedent à la joye
D'enfanter l'Orient que le Ciel nous envoye :
Ce divin Successeur qui la doit preceder,
Qui fait croistre sa gloire, & qui la fait ceder,
Dont les premiers rayons percent la nuit profonde,
Que l'Enfer répandit sur la face du Monde.

E ij

Elle connoift bien-toft que sa vive clarté,
Loin de blesser l'honneur, donne la pureté :
Que cét Enfant du Ciel si pur en son essence,
N'en peut rien apporter d'impur à sa Naissance.
Elle se void feconde, & Vierge en mesme temps.
Et par ce double honneur tous les vœux sont contens.
Son invincible cœur a declaré la guerre
Aux lâches sentimens des plaisirs de la Terre.
Elle vit comme une Ange en ce mortel séjour,
Et les seules vertus allument son amour.
La simple liberté du plaisir legitime,
Semble à sa pureté porter l'ombre du crime.
Elle n'a d'autre fruit du lien conjugal,
Que de garder la fleur de son sein virginal,
Et pour tous les plaisirs que son cœur en espere,
Ne veut que le seul nom, & la gloire de Mere.
Cette Mere charmée en son rare bon-heur,
Leve les mains au Ciel, d'où luy vient cét honneur,
Et pour benir l'objet que celebrent les Anges.
Ouvre sa bouche Sainte aux divines loüanges.
Mais pour ce cher Enfant, sa tendresse & ses soins,
Cherchant de satisfaire aux plus pressans besoins,
Pour unique Berceau le hazard luy presente
Une chetive Creche en l'Estable indigente,
Et pour luy faire un lict, un morceau de gazon,
Du chaume ramassé, forme la liaison.
Aussi la Vierge Sainte en son inquietude,
Luy donnant à regret une couche si rude,
Le prend entre ses bras, où cét Enfant si beau,
Trouve un plus agreable, & plus tendre berceau,
Avec le doux nectar de ses chastes mamelles,
Appaisant ses langueurs, & ses peines mortelles;

Par des ris amoureux, des baiſer iſnnocens,
Elle arreſte ſes pleurs , & ſes triſtes accens.
Elle n'épargne enfin aucune des careſſes ,
Dont l'amour maternel explique ſes tendreſſes.
Et cét aymable Fils répond à ſon amour ,
Avec mille douceurs qu'il luy rend à ſon tour ,
Prenant pour ſon appuy cette Vierge feconde ,
Qui porte dans ſes mains l'appuy de tout le Monde :
Cette Mere en voyant ce Fils ſi merveilleux ,
Qui confond les projets des Demons orgueilleux ,
Meſle avecque l'amour le reſpeсt , & l'hommage ,
Et d'un trouble celeste , admire ſon ouvrage.
Elle adore ſon Fils , & ſe plaiſt à ſe voir
Plus grande qu'elle même en ce divin miroir ,
Qui renvoye à ſes yeux ſon image plus belle.
La Mere eſt la copie , & le Fils le modele :
Il a beau faire un voile à ſa divinité ,
Du veſtement obſcur de noſtre humanité ,
Captiver ſon éclat ſous ce nuage ſombre ,
Et cacher vn ſoleil ſous le voile d'une ombre.
Cette vaſte ſplendeur dont il remplit les Cieux ,
Semble vouloir forcer ce nuage odieux ,
Qui ne ſçauroit couvrir l'abîme de lumiere
Dont ſon ombre retient ſa clarté priſonniere.
L'auguſte Majeſté dont ſa face reluit ,
Du fonds de ſa miſere au travers de ſa nuit ,
Lance quelques rayons échapez de ſa gloire ,
Dont ſon humilité diſpute la victoire.
  C'eſt ainſi qu'au matin le bel Aſtre du jour ,
Quand il ſort en naiſſant de l'humide ſéjour ,
Combattant par ſes feux contre un épais nuage ,
Qui veut nous dérober l'or de ſon beau viſage ,

Tantost laisse entrevoir sa brillante clarté,
Et tantost la renferme en cette obscurité.
Ce mépris inhumain, cette rude souffrance,
Et le visage affreux d'vne extréme indigence,
Un long & rude hyver, dont l'effort sans pareil
Cause des tremblemens au Maistre du Soleil,
Et les tristes horreurs de cette grotte obscure,
Dont ny clarté ny feu n'adoucit la froidure,
Forment de toutes parts, dans ce funeste lieu,
Les nuages obscurs qui luy cachent un Dieu,
Et qui loin de montrer la grandeur de son estre,
Servent plustost d'obstacle à le faire connoistre.
Sa Mere n'a point veu pour son soulagement,
Son sexe l'assister dans son accouchement,
En cette occasion cette troupe des meres,
Qui se prestent secours dans leurs peines ameres,
Ou la Sage Matrone experte dans son art,
Et nul secours humain n'ont pris aucune part.
Cét Enfant inconnu dont les celestes charmes
Semblent estre noyez dans les eaux de ses larmes,
Exposé sur la Terre a de durs traitemens,
Expliquant ses douleurs par ses gemissemens,
A qui par tant de maux dont il est le theâtre,
Le Ciel paroist cruel, la nature maràtre :
Cette Mere, & ce Fils, dans cette extremité,
Ne nous montrent rien moins qu'une Divinité,
Et ces tristes dehors d'une obscure Naissance,
Cachent la verité d'une sublime essence.
Mais ce Dieu renfermé, cét invincible Roy
Se cache à la Nature, & se montre à la Foy.
Nostre ame découvrant ce que le corps luy nie,
Perce le voile obscur d'une essence infinie.

Et forme des couleurs de ce nuage épais,
Le portraict de ce Dieu d'Alliance, & de Paix.
   Ainſi pour figurer cette grande avanture,
Dieu luy-même autrefois en traça la peinture,
Quand ſa Majesté Sainte en faveur des Mortels,
Viſitoit ſon Saint Temple, & ſes fameux Autels,
Et ſous l'obſcurité du voile d'une nuë,
Envelopoit ſa gloire, & la rendoit connuë.
Ou lors que ce grand Dieu qui conduit l'Univers,
Accompagnant ſon peuple au milieu des deſers,
Couvroit des rudes peaux de ſes noires courtines,
Les plus chers monumens de ſes graces divines:
Dans ſon Saint Tabernacle, & dans ſa pauvreté,
Renfermoit les treſors d'une immenſe bonté:
Et dans l'enclos Sacré de l'Arche venerable
Donnoit de ſa preſence un gage memorable.
De même eſt Enfant dont les attraits ſi beaux,
Paroiſſent au travers de ſes chetifs lambeaux,
Renferme dans ſon ſein plein d'immenſes richeſſes,
Et la ſource, & le fonds des celeſtes largeſſes.
Lié dans une creche il eſt dans tous les lieux,
Et ce petit Enfant plus grand que tous les Cieux,
Loin d'eſtre contenu par leur grandeur ſuprême,
Comprenant tous les Cieux cōprend ſon Palais même,
Et contient dans luy ſeul les miracles divers
Des Cieux, & de la Terre, & de tout l'Univers.
Son infirmité même, & ſon obſcur nuage
Le montre en le couvrant, avec plus d'avantage.
Il paroiſt plus ſublime en ſon abaiſſement:
Son eſtroite priſon fait ſon accroiſſement.
Le Miracle eternel d'une amour Souveraine,
Qui pour briſer les fers de la Nature humaine,

Et l'unir avec soy par tant d'aimables nœuds,
Nous fait voir cet objet pitoyable, & pompeux,
Ce Chef-d'œuvre infiny de sa rare Clemence,
En surmontant l'éclat de sa vaste puissance,
Le rend plus glorieux, plus grand, plus triomphant.
De prendre la foiblesse & l'état d'un Enfant,
Que de voir à ses pied en Monarque du Monde
Tous les thrônes du Ciel, de la Terre, & de l'Onde.
Voicy Dieu, mais un Dieu qui dans l'humilité,
N'est plus ce Dieu jaloux, dont le bras irrité
S'exerçoit autrefois à lancer le Tonnerre,
Et livrant aux Mortels une éternelle guerre,
D'une verge de fer, & d'un divin effort,
Portoit en même temps la terreur, & la mort.
C'est un Dieu plus humain, qui n'est plus invisible,
Qui n'est plus rigoureux, ny plus inaccessible,
Qui par un trait d'amour à nul autre pareil,
Ne montrant aux mortels qu'un paisible appareil,
Merite à meilleur droit pour des faveurs si grandes,
L'hommage de l'encens, & l'honneur des offrandes.
Si la verité même est digne de la foy,
Qui nous fait embrasser cette amoureuse loy,
Par qui le Toutpuissant, le Maistre des Monarques
Dépoüille sa grandeur, & ses divines marques,
Le Roy des immortels qui descend dans ces lieux,
Pour en faire monter les mortels dans les Cieux,
Daigne porter les droicts de son trône sublime,
Jusqu'aux abbaissemens que meritoit le crime.
    Ainsi quoy que ce Dieu dans son immensité
Ne 'pût rien adjouster à sa Divinité,
Son amour qui l'éleve, en la rendant obscure,
Augmentant sa grandeur, adjoûte à sa Nature.

Il se void maintenant, en s'approchant de nous,
Au dessus de soy-même, aussi bien qu'au dessous,
Et plus l'amour l'abaisse en ce lieu miserable,
Et plus il le releve en son trône adorable.
Il est vray sa Nature est grande infiniment,
Elle ne peut souffrir aucun accroissement,
Et la perfection de sa grandeur immense
Consiste en cette heureuse, & divine impuissance.
Mais le culte Sacré qu'il reçoit des humains,
Le rendant exalté par l'œuvre de ses mains;
Cét Ocean d'amour, ce deluge de graces,
Dont la terre inondée a couvert ses disgraces,
Sauvant par sa bonté toutes les Nations,
Fait augmenter sa gloire en leurs soûmissions,
Et sortant au dehors de son Estre suprème,
Ce grand Dieu dans son Fils se surmonte soy-même.
Sa Majesté divine écarte sa splendeur,
Dont l'œil des Seraphins craint la brûlante ardeur,
Pour nous mieux découvrir sans peril, & sans crainte,
Cette face adorable, ou son amour est peinte,
Et cette Majesté qui cachoit son Amour,
Par son Amour immense est cachée à son tour.
Elle n'a plus besoin pour ceux qu'il favorise
De couvrir ses rayons du voile de Moyse.
Aujourd'huy l'œil mortel la soûtient aisément,
Et la face de Dieu se void impunément.
La mort n'est plus le prix dont sa veuë est suivie,
C'est sa veuë aujourd'huy qui nous donne la vie.
Sa presence écartant pas les vives clartez
La nuict de l'ignorance, & ses obscuritez,
En cét heureux moment ses lumieres naissantes
Firent évanoüir les ombres impuissantes.

Et ce Dieu qu'annonçoient tant de signes pompeux,
Qui fut l'espoir du Monde, & l'objet de ses vœux,
Dont tant de visions, de steriles figures,
Et de songes Sacrez ont esté les peintures.
Ce Dieu daignant quitter le rang de Souverain,
Se reduit maintenant au fort du genre humain,
Et descendant du sein de sa gloire éternelle,
Epouse la prison de nostre chair mortelle.
Le vray Dieu se rend homme, & par un nouveau sort,
L'immortalité même est sujette à la mort.
Il est nostre prochain, il se rend nostre frere,
En tout Dieu revest l'homme, & jusqu'en sa misere,
Il porte l'apparence, & le poids du peché,
Dont le venin mortel ne l'a jamais taché.
Le funeste torrent de cette impure source,
Qui dans tous les mortels empoisonne sa course,
Et roule dans leur sang sa rage, & son horreur,
Dans le sien void suspendre, & tarir sa fureur.
C'est le premier Enfant dont la pure Naissance
Rend au Monde pecheur un Estat d'innocence;
Ce Dieu qui dans le Ciel tient le suprême rang,
Icy-bas est formé d'os, de chair, & de sang,
Et du faiste élevé de l'Empire du Monde,
Descend aux plus bas lieux de la terre, & de l'onde
Juste Ciel! où s'abaisse, & d'où vient ce grand Dieu?
Quel thrône a-t'il changé pour cet indigne lieu?
Il se mesle aujourd'huy parmy les fils des hommes,
N'estant qu'un foible Enfant, il est ce que nous sômes,
Ce Dieu qui d'un coup d'œil fait trembler l'Univers,
Qui forma d'un seul mot ses chef-d'œuvres divers,
Est l'ouvrage aujourd'huy de son amour extrême,
Et devient l'Artisan, & l'Autheur de soy-même.

Ce Dieu dont la parole avoit sceu tout former,
Est la parole mesme, & ne peut s'exprimer ;
Il fait plus, il devient l'effet de son ouvrage,
Et ce Peintre immortel est fait par son image.
Ce Soleil dont le Monde avoit receu le jour,
De ce Monde aujourd'huy le reçoit à son tour,
S'il est vray qu'on peut dire, en des lieux si funebres,
Qu'il receut la lumiere au milieu des tenebres.
Il n'a point l'appareil d'un fameux conquerant :
Il ne vient triompher, ny vaincre qu'en mourant :
Sa vie est un combat dont ses cris & ses larmes
Commencent en naissant les premieres alarmes.
Il ne s'est pas produit au Monde qu'il a fait,
Comme le premier homme, en un estat parfait ;
Mais ce Dieu dont l'Enfer doit redouter la guerre,
N'aist inconnu, débile, & rampant sur la Terre.
Par de foibles progrez il reçoit lentement
Ses forces, sa vigueur, & son accroissement,
Et void accompagner sa grandeur Souveraine
De tout l'indigne sort de la Nature humaine.
Ou plûtost ce grand Dieu nous fait voir aujourd'huy
Que la Nature humaine est au dessus de luy.
Indignement couché sur la paille & le chaume,
Loin du brillant séjour de son divin Royaume,
Et de l'éclat pompeux du Thrône Souverain,
Il est dans le cachot d'un antre soûterrain.
Le Tout-puissant gemit, & l'on oit sur la Terre,
Soûpirer cette voix qui forme le Tonnerre.
On rejette ce Dieu, le Souverain des Dieux,
Dans l'endroit plus abject de ces terrestres lieux ;
Où de vils animaux par d'indignes mellanges
Sont au dessus du Roy des hommes, & des Anges,

Qui sous ce pauvre toict, traitté comme Estranger,
Y trouve encor à peine un lieu pour se loger.
En vain donc icy-bas ses grandeurs supprimées
Dans un si petit corps ont esté renfermées.
Il ne sçauroit trouver assez de logement ;
Et tout petit qu'il est, il loge estroitement.
Les animaux, par tout, en occupent la place,
Et luy laissent à peine un legitime espace,
Où la Mere , & le Fils dans ce pressant besoin,
Pour lit, & pour berceau n'ont rien qu'un peu de foin:
O Joseph trop heureux , par ce grand nom de Pere
D'un Fils, l'unique objet en qui le Monde espere ,
L'as-tu donc en oubly ? crains-tu point le soupçon
D'avoir trop negligé ce tendre Nourrisson ?
Ou n'as-tu pas des yeux pour voir ce qu'il endure ?
Estroitement pressé dans sa couche si dure ;
S'il faut appeller couche un miserable endroit
D'une chetive Creche , & d'un espace estroit,
Où ses membres Sacrez, & sa teste divine
Ebauchent les tourmens que le Ciel leur destine.
Que ne conçois-tu donc un plus pieux dessein ?
Et pourquoy cette ardeur qui t'enflamme le sein
Ne luy fabrique-t'elle avec ton industrie
Le lict que luy refuse une injuste Patrie ?
Est-ce donc vainement que tu possedes l'art,
Qui dans un tel service auroit si bonne part.
Cet admirable Enfant, qui fait tes destinées,
Doit passer avec toy ses premieres années.
Tu te verras soûmis ce Roy de l'Univers,
Suivant tes mouvemens , & tes ordres divers ,
Cependant prens le soin de sa débile Enfance ,
Et preste ton secours à sa tendre innocence.

Or

On diroit que le temps, & le Ciel en courroux
Veulent faire perir leur Autheur avec nous.
Cét hyver confumant dont les rigueurs moiffonnent,
Toutes les autres fleurs dont les champs fe courônent,
Exerce la fureur de fes fiers Aquilons
Sur cette fleur des champs, fur ce lys des vallons.
Il feroit mieux caché dans les flancs de fa Mere,
A couvert des rigueurs d'un deftin fi fevere.
Reçoit-il donc la vie afin de l'endurer ?
Et ne refpire-t'il finon pour foûpirer ?
Il ne fouffriroit pas dans un fein fi pudique,
Le cruel deshonneur de ce fort tyrannique,
Qu'il fouffre dans le cœur de cét affreux rocher,
Où les feuls animaux le viennent approcher,
Et les hommes plus durs le traittent en barbares,
Et font d'autres rochers à des objets fi rares.
Jofeph confiderant ces cruels traitemens,
En conçeut de la honte, & des reffentimens,
Luy dont l'humilitè fi Sainte, & fi profonde,
Pour les Decrets divins du Monarque du monde,
Uniffant dans fon cœur le zele, & l'équité,
Dereftoit doublement cette inhumanité :
Luy qui fans avoir part à cét Enfant celefte,
Luy fert pourtant de Pere en cét eftat funefte,
Et fa fidelité foulageant fes befoins,
Laiffe les droits de Pere, & n'en prend que les foins.
Les mêmes fentimens percent en fa mifere
Le cœur de fa Royale, & veritable Mere.
Le froid, & l'indigence avec mille rigueurs,
Par la feule pitié luy caufent des langueurs.
Dans fes propres douleurs fon courage inflexible,
Pour celles de fon Fils fe laiffe eftre fenfible.

F

Elle ne ressent pas le mal qu'elle reçoit,
Et souffre seulement la douleur qu'elle voit.
Il semble qu'à ce coup s'oubliant elle-même,
Pour cét unique objet de son amour extrème,
Elle trouve en luy seul sa joye, & son ennuy,
Et qu'elle n'a plus d'yeux, ny de cœur que pour luy.
Ses soins les plus ardens, & son inquietude,
Sont de le garentir d'une saison si rude,
Et luy font employer pour un Enfant si beau
Le plus chetif haillon, & le moindre lambeau,
Et de ses vils drapeaux, de ces indignes langes,
Elle envelope un Dieu qu'environnent les Anges.
Son Ame est au dessus de ces bas sentimens,
Qui flattent les mortels de leurs vains ornemens.
C'est assez seulement pour la Vierge celeste,
De preserver son Fils d'un peril si funeste.
Non, dit-elle, mon cœur ne forme point de vœux
Pour le superbe éclat de ces habits pompeux ;
Par qui la Cour des Rois dans leur richesse immense
Fait éclater sa gloire & sa magnificence :
Où la pourpre superbe éblouïssant les yeux
Estale les appas d'un luxe ingenieux,
Où l'on void à l'envuy l'or, & les pierreries
Se mesler avec l'art des riches broderies.
Je ne demande pas d'habiter les Palais,
Où les Rois mes Ayeux regnerent dans la Paix,
Ny que dans des tapis où par mille figures
L'aiguille, sans pinceau, trace mille peintures,
De cent vives couleurs les murs, & les lambris
Representent leur guerre, & leur vaste débris.
A quel point de grandeur, de puissance, & de gloire
Leur race a veu flétrir son auguste memoire.

En vain j'afpirerois à la pompe des Rois
Quand nous fommes fujets à de fi dures loix :
En vain ie pretendrois un illuftre appanage ,
Quand nous manquons de tout en un lieu fi fauvage :
Quand ton art au befoin , chafte & fidele Epoux ,
Eft privé des moyens de s'exercer pour nous ,
Et ton meftier abject , & méprifé des hommes ,
Eft encore au deffus de l'eftat où nous fommes.
Mon efprit s'abandonne à ce divin Confeil ,
Qui ne laiffe à mon Fils qu'un vulgaire appareil ,
Et permet feulement à mon amour unique ,
De le traitter en Mere indigente , & ruftique.
Mais je ne laiffe pas , miraculeux Enfant ,
D'efperer de te voir pompeux , & triomphant ;
Et par un autre voye en miracles feconde
Faire un regne plus grand que l'Empire du Monde ;
Mais déja fi mes yeux ne flattent mon efpoir ,
J'apperçoy les effets de ton divin pouvoir.
Je vois defcendre en Terre une troupe celefte ,
Qui rend à ta grandeur fon éclat manifefte ,
Et vient pour celebrer par d'auguftes concerts
Le Berceau de fon Roy jufques dans ces deferts.
  Elle parloit ainfi , lors qu'au fein des nuages
Les Herauts dévoüez aux celeftes hommages ,
Les Meffagers fi prompts de la Divinité ,
Et les Miniftres Saints de fon authorité ,
Paroiffent dans les airs , & d'une aifle legere
Se traçant dans la nuë une route étrangere ,
Pour le champ Bethlemite abandonnent les Cieux ,
Et fondent ardemment en ces terreftres lieux.
La brillante fplendeur de leur face divine ,
Explique fur leur front leur celefte origine.

Leur jeuneſſe éternelle , & ſes feux éclatans ,
Ne craignent ny l'effort , ny l'injure des Temps.
Leurs habits ſont plus purs, & plus blancs que la neige,
Prés d'eux le Roy du jour perdroit ſon privilege ,
Et les brillans rayons dont leur viſage luit ,
Forment un nouveau jour au milieu de la nuit.
Ils approchoient la Terre à cette heure paiſible ,
Où le premier ſommeil par un charme inſenſible ,
Verſant ſur les mortels ſes humides pavots ,
Enchante heureuſement leurs ſoins, & leurs travaux ,
Le ſilence regnoit dans une nuit obſcure ,
Une charmante extaze occupoit la Nature ,
Et dans les animaux ſes appas innocens
Faiſoient gliſſer la paix , & le calme des ſens.
Seulement au milieu de cette paix profonde ,
Des Paſteurs qui veilloient, & qui faiſoient la ronde,
Pour former à leur tour ſur le front des coupeaux ,
Une garde fidelle autour de leurs troupeaux ,
Au milieu des travaux de leurs penibles veilles ,
Furent heureuſement témoins de ces merveilles.
Toutesfois à l'aſpect d'un ſi grand appareil ,
Ils s'eſtiment ſurpris dans les bras du ſommeil :
Leur eſprit à leur ſens refuſe ſa creance ,
Et les accuſe ainſi de peu de vigilance.
Sommes nous endormis , & nos illuſions ,
Forment-elles en nous ces grandes viſions ?
Eſt-ce l'effet trompeur d'un chimerique ſonge ,
Eſt-ce une verité qui paroiſt un menſonge ?
Noſtre eſprit doit-il croire au rapport de nos yeux,
Des bataillons armez ſemblent tomber des Cieux,
Et plus vifs que l'éclair, plus promts que le Tonnerre,
Au milieu de la Paix ſemblent porter la guerre.

Cependant la Nature en fes plus doux attraits
Augmente dans ces lieux, les charmes de la Paix.
Le Zephire chaffant l'importune froidure,
Remplit de mille apas la faifon la plus dure :
On diroit que le Ciel par des regards contens,
Dans le fein de l'hyver rappelle le Printemps.
Dans nos bois dépoüillez de l'honneur des feüillages
Mille oyfeaux à l'envy concertent leurs ramages.
Et ravis du féjour de nos triftes defers,
De leurs douces chanfons rempliffent tous les airs.
La nuit dans l'Univers fait regner les tenebres,
Et rend par tout ailleurs tous les objets funebres.
Icy le riche amas d'un threfor de clartez,
Diffipe fes horreurs, & fes obfcuritez.
Brillans, trop exceffifs, incroyables merveilles,
Trompez-vous à la fois nos yeux, & nos oreilles ?
Quel miracle nouveau dans un même féjour
Nous fait voir une nuict plus claire que le jour,
Un Hyver qui paroift un Printemps fur la Terre,
Une profonde Paix qui reffemble à la guerre ?
Eft-ce que le Ciel tombe, & rompant fes effieux,
Laiffe precipiter fa machine en fes lieux ?
Mais quelle eft cette troupe aux aifles eclatantes ?
Les hommes ne font point de legions volantes,
Et les chetifs mortels indignement rampans ;
Ont moins de reffemblace aux oyfeaux qu'aux ferpes.
Leurs voix, & leurs habits par leurs blacheurs infignes
Reprefentent le chant, & la beauté des cygnes ;
Et dans l'azur des Cieux femblent à ces oyfeaux,
Qui d'un air fi charmant fendent l'azur des eaux.
Mais leur vifage humain peut faire croire aux hômes
Qu'ils ne font en effet qu'un peu plus que nous fômes.

Aussi leurs bataillons comme ceux des humains,
Semblent tous disposez pour en venir aux mains.
Et leur troupe fait voir côme un grand corps d'armée
Qui par un même esprit paroist estre animée.
En vain nostre terreur fait que nous les fuyons,
Puis qu'au dessus de nous par tout nous les voyons.
Pourrions nous éviter les fatales conquestes
De ces Soldats aislez qui volent sur nos testes.
La fuite est inutile, & les soins decevans,
Contra des ennemis plus legers que les vents,
Qui nous suivent de pres, & dont l'ardent orage
Menace nos troupeaux d'un funeste ravage.

A ces mots un des chefs des divins Messagers
Que le Ciel envoyoit à ces simples Bergers,
De sa main estendue imposant le silence,
Aux applaudissemens de l'illustre assistance,
Porte ainsi la parole à ces Bergers surpris,
Pour tout le divin corps des celestes Esprits.

Pasteurs, cheris du Ciel, dissipez cette crainte
Qui porte à vos esprits une si vaine atteinte,
Et dessillez les yeux pour éclaircir l'erreur,
Dont vos cœurs alarmez ont conceu tant d'horreur.
C'est d'un zele amoureux que le Dieu des armées,
Rend en vostre faveur nos troupes enflammées,
C'est pour vostre secours que son soin vigilant
Fait aujourd'huy des Cieux descendre un camp-volant,
Compagnons avec vous d'une éternelle gloire,
Lors que nous combattons c'est pour vostre victoire.
Pour vostre seureté nos divins bataillons,
A l'entour de vos champs plantent leurs pavillons,
Et le Ciel vous presente en leur trouppe immortelle,
Pour vous, & vos troupeaux une garde fidelle.

Banniffez donc la peur, fans craindre deformais
La guerre des Herauts qui vous portent la Paix,
Sans redouter la main qui vous prefte affiftance,
Ny craindre vainement voftre propre affurance.
Loin de porter le fer, & la flame en ces lieux,
Un plus aymable objet nous fait quitter les Cieux.
Et nous ne venons point par la fureur des armes,
Semer vos champs heureux de trifteffe, & de larmes.
Je fuis le Meffager que Dieu daigna choifir,
Pour remplir tous vos cœurs d'un celefte plaifir,
Et pour vous annoncer l'incomparable jôye
D'un bon-heur éternel que le Ciel vous envoye ;
Mais d'un bon-heur fi grand que tout cét Univers
Le doit voir répandu dans fes climats divers,
Et que tout l'avenir confacrant fa memoire,
Ne fe taira jamais d'une fi haute gloire.
En un mot, aujourd'huy dans cette humble Cité
Où le Royal Prophete a receu la clarté ;
Le Sauveur vous eft né ; le Chrift dont la puiffance
N'a ny bornes, ny fin, dans fon Empire immenfe.
Et fi vous defirez quelques fignes certains
Du glorieux Autheur de vos heureux deftins ;
Ne penfez pas connoiftre à quelque illuftre marque.
Dans un riche Palais, ce Souverain Monarque.
Vous verrez un Enfant dans de fimples drapeaux.
Couché dans une Creche au milieu des troupeaux.
   A ces mots, il finit, & la troupe des Anges
Commence d'entonner les divines loüanges.
Leurs faintes legions, par d'aymables concerts
Font retentir par tout & la Terre & les Airs,
Et d'un chant de Triomphe en leur facré Cantique,
Expriment par ces mots l'allegreffe publique ;

Gloire au Dieu Souverain, ſoit aux plus hauts des Cieux
Les Temples éternels de ce grand Dieu des Dieux.
Sa Paix, par ſa bonté, regne à jamais au Monde,
Cette paix refuſée, ô douleur ſans ſeconde !
A l'inſolent orgueil des Anges revoltez,
Qui furent compagnons de nos felicitez ;
Au lieu que ſon amour pour la race des hommes,
La releve au deſſus de l'état où nous ſommes.
    Ils achevent ainſi leur Cantique charmant,
Et laiſſent les Paſteurs ravis d'étonnement.
Puis prenant leur eſſor vers ces voûtes brillantes
Qui portent dans leur cours tant de clartez roulantes
Par un vol glorieux ces divins Meſſagers
Se dérobent bien-toſt aux yeux de ces Bergers.
On void de toutes parts s'écarter les nuages,
Qui comme par reſpect leur ouvrent les paſſages :
Le Ciel même éclairé de ſes riches flambeaux,
Rend un pareil hommage à ces Aſtres plus beaux ;
Et leurs globes luiſans, ces grands cercles du Monde,
Ces couronnes de l'Air, de la Terre, & de l'Onde,
Ces grands arcs triomphaux, ſolides & mouvans,
Pour former une entrée à ces Aſtres vivans,
Entr'ouvrent leurs Palais qu'vne main Souveraine
Attache par les nœuds d'une invincible chaîne.
L'inépuiſable fond de la clarté du jour,
Le Soleil, & ſa Sœur, & ſa ſuperbe Cour,
Tous ces moindres flambeaux dont la nuict allumée
Dans l'abſence du chef nous fait voir ſon armée,
Tous ces Iuſtres brillans dont ſe parent les Cieux,
S'effacent à l'aſpect des Eſprits glorieux ;
Dont le pouvoir plus grand dans l'immortel Empire,
Fait que tout le Ciel cede, & la nuict ſe retire.

Les celestes Esprits sans peine , & sans effort
S'envolent aisément dans le Celeste port ,
Plus legers que le vent,plus prompts que l'eclair même,
Poussant leur vol divin jusqu'au thrône suprême
Du Dieu qui les remplit d'ineffables plaisirs ,
Ils terminent en luy leur course, & leurs desirs.
Leur bande triomphante autour de luy s'assemble ,
Et témoignant sa joye , & son respect ensemble ,
Reprend ses tons sacrez dans cet heureux retour ,
Pour chanter à jamais l'objet de leur amour.
Pendant que par l'effet d'une sainte prudence ,
De peur d'estre ébloüis par sa splendeur immense ,
Et l'éclat infiny de ses divins rayons,
Dont leurs brillans Esprits sont les obscurs crayons,
Ils se couvrent les yeux , & les pieds de leurs aisles ,
Adorant sans les voir ses clartez éternelles.
Ils tremblent aprochant sa divine grandeur,
Confessent qu'il peut seul soûtenir sa splendeur ,
Et baissent par respect leurs débiles paupieres ,
Sans vouloir penetrer l'abysme des lumieres.
Cependant la merveille , & l'ouvrage étonnant
D'un prodige si grand , d'un bien si surprenant ,
Remplissant les Pasteurs d'une crainte innocente ,
Jusques à leurs troupeaux imprime l'épouvante.
Ces Bergers transportez d'un sort si glorieux,
Muets d'étonnement, ne parlent que des yeux.
On diroit à les voir perdre ainsi la parole,
Qu'avec les saints Esprits leur ame aussi s'envole.
Mais l'excez des transports dont leur cœur est surpris,
Leur laissant à la fin rappeller leurs esprits ,
Le plus cher entretien de leurs paisibles veilles ,
Est l'important sujet de ces grandes merveilles.

Leur unique plaisir est de les raconter,
De s'en interroger, & de les mediter.
Quel est, dit un des chefs de leur rustique bande,
Le superbe apareil d'une chose si grande ?
Qui l'eust jamais pensé que le Ciel dans nos bois,
A de simples Bergers fist entendre sa voix ;
Que le divin concert des celestes armées
Rendit par sa douceur nos oreilles charmées ?
Qui jamais a receu dans la Sainte Sion,
Des gages plus certains de son affection ?
Quels appas font briller les beautez immortelles,
Au front des Messagers de ces grandes nouvelles.
Quelle grace à parler ? quels aymables accens ?
Quelle lyre admirable a suspendu nos sens ?
Enfans si vous voulez suivre un conseil utile,
Le chemin n'est pas long, ce voyage est facile ;
Et nous ne perdrons point nostre temps, & nos pas,
A visiter un Dieu né pour nous Icy bas,
Et qui vient nous montrer ce glorieux mystere,
Qui doit pour tout le Monde estre si salutaire.
    Ils suivent cét advis, & partent à l'instant,
Pour arriver au lieu du Mystere important,
Où Marie & Joseph, en un antre sauvage
Expriment par des pleurs le tort qui les outrage.
Ces Pasteurs que le Ciel a remplis de ferveur,
Arrivant au logis de leur divin Sauveur,
Y rencontrent l'Enfant annoncé par les Anges
Couché dans une Creche, & lié dans des langes,
Au milieu des baisers & des embrassemens,
Dont la Vierge expliquoit ses tendres sentimens.
Les Pasteurs sont ravis de voir dans ces spectacles
Que tout est si conforme aux celestes Oracles.

Bien-toſt dans la Cité ce bruit par eux ſemé
Rend par ſa nouveauté tout le peuple charmé.
Leur diſcours merveilleux , & remply d'innocence,
Enlevent les Eſprits, & gagne leur creance.
Nul ne peut reſiſter à la ſincerité
Dont leur recit naïf dépeint la verité.
Ils racontent par tout que les troupes volantes
De Meſſagers portez ſur des aiſles brillantes,
En deſcendant du Ciel juſques dans les deſers,
De chants delicieux avoient remply les airs,
Et leur avoient apris qu'en la Ville Royale,
Que le Royal Prophete eut pour Cité natale ,
Un Roy leur eſtoit né, que Dieu par ſa faveur
Leur avoit envoyé pour Chriſt & pour Sauveur ;
Qu'afin de leur donner de veritables marques,
Pour connoiſtre ce Chriſt, & ce Roy des Monarques,
Ils le rencontreroient ſous de ſimples drapeaux :
Couché dans une Creche, & parmy des troupeaux :
Que leur foy répondant à ces diſcours celeſtes
Ils en avoient receu des preuves manifeſtes ,
Et qu'ils avoient trouvé cét Enfant glorieux,
Par les ſignes certains de l'Oracle des Cieux.
   A peine l'un d'entr'eux a parlé de la ſorte ,
Qu'un autre témoignant l'ardeur qui le tranſporte
Ne ſe peut empeſcher d'interrompre ſa voix ,
Sur le même diſcours qu'il reprend mille fois.
Il ne peut arreſter le feu qui le maiſtriſe ,
Et leur redit encor qu'elle fut la ſurpriſe ,
Dont l'agreable effet heureuſement trompeur
Les avoit agitez d'une ſi vaine peur ,
Et faiſant à leurs cœurs des raports infideles,
Avoient de leur ſalut fait leurs craintes mortelles.

Ils adjoûtent enfin tout ce qu'ils ont appris,
Des dons, & des apas des celeſtes Eſprits :
Ce beau feu vif & pur brillant ſur leurs viſages,
Dont la Majeſté douce attire les hommages.
Les regards enflammez de ces yeux innocens,
Dont les traits ſont ſi doux, & les coups ſi puiſſans:
Cét éclat tout divin d'une aimable jeuneſſe,
Cette fleur d'un printemps, qui doit durer ſans ceſſe;
Ces rayons empruntez de l'immenſe grandeur,
Qui couronnent leur front de gloire, & de ſplendeur.
Leurs Angeliques voix, leurs lyres éclatantes,
Leurs accors tous divins, leurs graces ſi charmantes.
  A peine ces Bergers fideles, & zelez
Achevoient le diſcours des Miniſtres aiſlez,
Que le Peuple coupable écoutant ces merveilles,
Qui font trembler les cœurs, en charmant les oreilles,
Eſt enfin penetré par la juſte terreur,
De voir tomber du Ciel la vengeance & l'horreur.
Un preſſant repentir par de vives tortures
Amollit, mais trop tard les ames les plus dures,
Et de mille remords punit la dureté
D'avoir bany l'Autheur de leur felicité,
Qui veut que pour le prix de leur orgueil extrême,
Ce peuple ſe condamne, & puniſſe ſoy-même.
Au lieu que les Bergers acquitez du devoir,
Et de l'ordre receu du Souverain pouvoir,
Affranchis des ennuis où ce Peuple ſe noye,
Ont la paix dans l'eſprit, & le cœur dans la joye.
En vain les Citoyens voudroient les engager
A s'arreſter encor, pour les interroger,
Ces Paſteurs amoureux de cette douce vie,
Dont le juſte travail contente leur envie,

                                          Comme

Comme si les Citez leur estoient des prisons,
N'aspirent qu'à revoir leurs champs & leurs maisons,
Et chacun sur l'apuy d'une simple houlette,
D'aise tout transportez commencent leur retraitte.
L'unique ambition qui fait tous leurs discours,
Ne les fait soûpirer qu'apres ces heureux jours,
Où reprenant le soin de leurs premiers ouvrages,
Ils verront leurs troupeaux dans leurs gras pâturages,
Qu'ils ont presque laissez sans gardes, ny Bergers,
Mais plus en seureté contre tous les dangers,
Puisqu'ils les ont remis, d'une sainte assurançe,
Dans la main de Dieu même, & sous sa Providence.
Aussi ces bons Bergers, ces b.enheureux vainqueurs
Des tumultes du Monde, & de leurs propres cœurs ;
Ces ignorans instruits dans l'Ecole des Anges,
Font retentir comme eux les divines loüanges,
Unissant tout ensemble, & leurs cœurs, & leurs voix,
Et font joindre avec eux les Echos de leurs bois,
Pour publier plus haut dans leurs sacrez Cantiques
L'inestimable prix de ces dons magnifiques.
Leurs concerts innocens par d'aymables accords,
Semblent porter au Ciel leur joye & leurs transports,
Et le Ciel répondant à leur pieux hommage,
Par un heureux retour couronne leur voyage.
O trop heureux Bergers, chers favoris des Cieux,
Si vous recçnnoissez un bien si precieux.
Peuple rustique, & simple, ignorant en malice,
Où la Nature regne exemte d'artifice,
Et nous fait voir encor, sans fard, & sans éclat,
Des restes innocens de son premier estat.
Theatre fortuné d'une si sainte Histoire,
Terre semblable au Ciel, champ de Grace, & de Gloire,

G

Que l'heur d'avoir porté les ſaintes legions.
Te releve au deſſus des autres Regions !
Que le berceau d'un Dieu te rendra venerable,
Et que ton nom doit eſtre à jamais memorable!
Jamais rien de ſi grand, ny de ſi merveilleux.
Ne parut à l'aſpect d'Herodes l'orgueilleux,
Jamais le grand Ceſar dans ſes pompeux ſpectacles
N'eut rien de comparable à de ſi grands miracles,
Lors qu'étalant ſa gloire aux yeux de ſes Romains
Il ſçavoit captiver ces Maiſtres des humains.
Des Bergers indigens ont receu plus de marques,
De la faveur du Ciel, que les plus grands Monarques.
Des Paſteurs inconnus aux ſuperbes Tyrans,
Ont connu les premiers des Myſteres ſi grands.
La ſainte Verité de ce divin ouvrage,
En reçoit un plus juſte, & plus ſeur témoignage,
Et cherche avec raiſon des témoins dans les bois,
Qu'elle ne peut trouver dans les Palais des Rois.
Leurs bouches en tous lieux ſemeront ces nouvelles,
Mais ſans les imprimer que dans les cœurs fidelles.
Jeruſalem la grande, & ſuperbe Cité
Aura bien peu d'amour pour cette verité.
Ses Preſtres faſtueux dont l'inutile pompe
Rend ſon Peuple ébloüi d'un éclat qui le trompe,
Tâcheront d'effacer ſa plus vive ſplendeur
Avec le faux brillant d'une menteuſe ardeur.
Ces montagnes d'orgueil, ces trompettes bruyantes
Qui n'ont qu'un foible vent qui les rend éclatantes:
Ces aveugles Docteurs enflez d'un vain ſçavoir,
Qui corrompent les loix du plus ſacré devoir,
Par un lâche trafic des choſes les plus ſaintes
Vendent juſqu'aux couleurs ſur leurs viſages peintes,

Et ce honteux commerce en leur Religion,
Fera servir Dieu même à leur ambition.
　Et vous sçavans du Monde, admirables Genies,
Esprits dont les clartez semblent estre infinies,
Philosophes fameux, Maistres de l'Univers,
Qui pouvez dévoiler ses miracles divers :
Hommes dont la Nature a fait ses interpretes,
Ecoutez des Bergers plus sçavans que vous n'estes.
Vos plus rares discours, vos plus doctes leçons
Ne sçauroient égaler leurs rustiques chansons.
Grands Demons du sçavoir, Merveilles d'Eloquence,
Leur voix doit aujourd'huy vous imposer silence.
Epicure aveuglé, tes jardins si vantez
N'ont jamais découvert de telles voluptez ;
Et toy dont l'air plus triste, & le front plus severe,
D'un orgueil déguisé fait ton plus grand Mystere.
Zenon, l'ambition de tes vains Sectateurs
Cede à l'humilité de ces simples Pasteurs.
Et toy-même, Lycée au dessus du Portique,
Grande Université, sçavante Republique,
La plume de ton Prince est moins qu'un chalumeau,
Et ton grand Monde cede à leur petit hameau.
Puis qu'enfin Bethléem a le Ciel pour son Maistre,
Elle n'ignore rien de ce qu'il faut connoistre.
Cedez donc à sa gloire, & perdez vos grands noms,
Rendez-luy vostre hommage, & respectez ses dons.
Athenes qui portez le nom d'une Déesse
Que la Fable a donnée aux Sçavans pour Maistresse,
C'est icy le vray Dieu qui vous est inconnu,
A qui d'un zele aveugle, & d'un culte ingenu,
Vous avez érigé cet Autel memorable,
Dont le titre pour vous n'est que trop veritable,

Et qui paroist le seul entre tous vos Autels
Purgé de vos faux-Dieux, fragiles, & mortels,
De ces Dieux impuissans, moindres que nous ne
   sommes,
Qui n'ont pas fait le Monde, & sont faits par les
   hommes,
C'est icy le seul D en digne d'estre adoré,
Ce Dieu que vous avez trop long-temps ignoré,
Bethléem vous l'annonce, & vous le fait connoistre,
Vous enseigne son nom, & vous fait voir son estre,
Et decouvrant au Monde un si riche tresor,
Le montre mesme au Ciel qui l'ignoroit encor.
  O pieté champestre, où la grace feconde
Fait naistre le mepris de la gloire du Monde:
Qui loin des passions, à l'abry de leurs traits,
Fais regner dans les cœurs le silence, & la Paix,
Ton bon-heur est plus grand que tous les Diadèmes
Dont se pare le front des Puissances Suprêmes,
Et j'estime l'éclat des plus fameux Héros,
Moins que ton innocence, & moins que ton repos.
O trop heureux encor, Bergers dont les delices
Sont de goûter les fruicts de vos saints exercices,
Qui tirez justement du travail de vos mains
Un gain si legitime, & si doux aux humains,
Et qui sans offencer les loix, ny la Nature,
Exigez de la Terre une innocente vsure.
Vous trouvez le salut à l'ombre de vos bois,
Qui se pert aisement à la suite des Roys.
Ils ont beau triompher, & beau faire les braves,
Plus heureux que ces Roys qui vous tiennent esclaves.
Libres des fers dorez dont ils sont enchaînez,
Vous ne respirez point leurs airs empoisonnez.

Leurs Palais sont sujets aux plus grandes ruïnes.
Et vos chāps,& vos bois ont beaucoup moins d'épines;
Mais enfin plus heureux quand le Roy des Pasteurs.
Vous choisit les premiers pour ses adorateurs.
Pour établir son regne , il prefere une Estable
A tout ce que le Thrône a de plus souhaitable ,
Consacrant la bassesse en son humilité ,
Il vient cacher sa gloire en vostre obscurité ,
Et vos bois écartez en un coin de la Terre
Servent d'un seur azile au Maistre du Tonnerre.
Cependant ces Bergers ravis d'un tel honneur ,
N'ont point les cœurs enflez d'un si rare bon-heur ,
Sans chercher dans le Monde une vaine loüange ,
Chacun dans son travail à son devoir se range,
Et sans estre emportez d'inutiles desirs ,
Dans un si doux sējour bornent tous leurs plaisirs.
Aussi trop souhaitable , & trop juste apanage ,
Le plus heureux du Monde, & le meilleur partage ,
Divin sējour des champs qui pourroit parmy vous,
Recevoir de l'ennuy de vos charmes si doux.
Plut au Ciel (& mon cœur parle plus que ma bouche)
Bergers de qui le sort si vivement me touche ,
Que vos temps bien-heureux m'eussent donné le jour,
Et que je fusse né dans le même sējour.
Eussay-je seulement eu le bon-heur de naistre
Un simple serviteur , qu'un Pasteur fut mon Maître,
J'eusse esté trop payé dans ma condition ,
Ma joye eut satisfait à mon ambition,
Puisque la même grace où mon espoir se fonde
M'eut fait voir des premiers le Redempteur du monde,
Et qu'heureux ignorant de tous ces vains combats
Que le trop de sçavoir a fait naistre icy bas ,

J'aurois dans ma plus juste, & plus docte ignorance
Eu pour partage heureux le calme, & le silence,
Et mon ame tranquille en ce sort innocent
Eut borné ma science à mon Sauveur naissant.
J'aurois encor esté, dans cette grande Histoire,
Le moindre personnage avecque trop de gloire,
Quand je n'aurois esté que le moindre Pasteur
De ceux qui purent voir ce divin Redempteur,
Et furent saluez par la troupe Angelique :
Quand je n'aurois esté dans la bande rustique,
Qu'un pauvre Lycidas, ou qu'un chetif Damon,
Ou qu'un triste Mæris, sous un plus juste nom,
Couvert d'un simple habit, & grossier, & sauvage,
Content d'vne cabane exposée à l'orage,
Et dont tout à l'entour les costez entrouvers
Eprouvent la rigueur des vents, & des Hyvers;
Mais sans que leur insulte en un si foible azile,
Qui n'oppose contr'eux que le chaume, & l'argile,
Y rende assujettis ses heureux habitans
Aux funestes effets de l'injure des temps.
Les airs y causent moins de ces douleurs cruelles
Qui causent aux humains tant de peines mortelles,
Ou d'une fiévre ardente, ou d'un deluge d'eau,
Pour embraser le cœur, ou noyer le cerveau,
Quand cette region le Ciel du petit Monde,
Qui reçoit les vapeurs dont luy-mesme s'inonde,
Les convertit en pluye, & répand ses torrens
Qui roulent dans nos corps mille maux differens,
Et luy portent par tout ces fatales atteintes
Qui forment si souvent le sujet de nos plaintes.
Au lieu que les Bergers endurcis aux travaux
Peuvent mieux resister à l'attaque des maux,

Leurs sueurs exhalant ces vapeurs si funestes
Qui forment dans nos corps tant de mortelles pestes:
Mon corps en cét estat n'auroit pas eu besoin
Que l'art des Medecins en eust pris tant de soin,
Que pour me secourir dans un tourment si rude,
Ils eussent employé tant de peine & d'étude,
Joignant en ma faveur à leur capacité,
Toute leur diligence & leur fidelité.
Un juste sentiment de ma reconnoissance
M'oblige sur ce poinct à rompre le silence :
A publier la gloire, & le fruict d'un sçavoir,
Dont la necessité m'impose ce devoir,
Pour employer ma voix, & l'air que je respire.
Comme un de leurs presens aux graces qu'il m'inspire;
Mais plustost, ô grand Dieu, pour aprendre aux hu-
Que nostre sort dépend de tes divines mains, (mains,
Et que les Medecins n'ont rien de comparable
Dans leurs plus grands secrets à ton Art adorable.
Quand les loix de leur art me condamnent à mort,
Tu revoques l'Arrest qu'ils ont fait de mon sort.
Toy seul connois le fond de tout ce que nous sommes,
Et tes grands Jugemens ne sont pas ceux des Hommes.
Si j'eusse esté Berger ma force, & ma vigueur
Ne m'auroient pas laissé si long-temps en langueur,
Et si j'avois receu quelque grande blesseure,
J'aurois pour Medecine eu la seule Nature,
Qui m'eut assez fourny de remedes puissans,
Qu'elle-même fait naistre en ces lieux innocens.
Mes aymables troupeaux auroient instruit mon ame
A soulager mon corps, & trouver mon dictame,
Et mon fertile champ auroit toûjours esté
Mon thresor d'Esculape en ma necessité.

Ce Sauveur des humains, ce Medecin suprême,
Qui détruit tous nos maux, & domte la mort même,
Eut banny tout ensemble, & les douleurs du corps,
Et les pechez dont l'Ame a receu mille morts,
Ces maux de nos Esprits, ces sources veritables
De toutes les douleurs dont nos corps sont capables.
Alors pour celebrer mon divin Medecin,
Mon sort eut beaucoup mieux secondé mon dessein,
D'oser ainsi loüer sa Grace salutaire
Avec l'indigne chant d'une Muse vulgaire.
Par ce modeste effet de mon ambition,
Ma musette ajustée à ma condition,
Au lieu que je ne puis d'une voix assez digne,
En Pasteur des Mortels loüer sa grace insigne,
J'aurois comme un Pasteur des simples animaux,
Fait agréer au Ciel mes foibles chalumeaux,
Avec cét air grossier, & zelé tout ensemble,
Et qui fait qu'en ce poinct, ma Muse leur ressemble,
Avec peu de cadence, & sans pompe, & sans art,
Et comme les Bergers, sans couleur, & sans fart.
Avec fort peu de grace, & beaucoup d'innocence,
Dont mesme le defaut plaist à leur ignorance.
Libre de tous mes soins, & de tous mes ennuis,
Plus heureux mille fois qu'en l'estat ou je suis,
J'aurois à mon Sauveur presenté ce Cantique,
D'un chant foible & grossier, d'un cœur simple &
      rustique;
Mais tout plein de mon Dieu, tel que me l'eut dicté
Le seul amour divin, la seule pieté,
Qui faisant toûjours chois des séjours plus tran-
      qui les,
Est souvent inconnu au milieu de nos villes.

Pieté dont les traits exprimant la pudeur,
Font voir au lieu du fard, presider la candeur :
Que nulle ambition jamais ne tyrannise,
Qui s'estime regner en gardant sa franchise :
Qui ne se flatte point des applaudissemens
Dont un peuple abusé trompe nos sentimens :
Qui n'affecte jamais l'éclat des grands theâtres,
Dont les foibles esprits sont les plus idolâtres :
Qui ne desirant rien que les Cieux pour témoins,
Trouve plûtost la gloire, en la recherchant moins,
Et s'eleve au dessus des jugemens du monde,
Et de la Renommée aveugle, & vagabonde.
Alors briguant plus haut que l'humaine faveur,
En m'abattant aux pieds de mon divin Sauveur,
J'aurois sur ma musette, & d'un air d'allegresse.
Exprimé par ces mots mon zele, & ma tendresse.
   Je te saluë, Enfant, le salut des mortels,
Cher objet de nos vœux, gloire de nos Autels,
Redempteur de ton Peuple, & de toute la Terre,
Arbitre de la Paix ; & vainqueur de la Guerre,
Lumiere des humains, adorable Soleil,
Qui porte en ses rayons un bon-heur sans pareil,
Grand Orient d'enhaut dissipant nos nuages,
Dont la divine ardeur écarte nos orages.
Je te saluë, Autheur de nos felicitez,
Seul espoir de nos cœurs dans nos adversitez.
C'est donc toy qu'autrefois tant de sacrez Prophetes
Que le Ciel a choisi pour ses grands Interpretes
Promirent si souvent à nos premiers Ayeux,
Et qui se daigne enfin presenter à nos yeux :
Qui viens pour dégager ces charmantes promesses,
Qui nous font esperer les divines largesses,

Et qu'avec tant de soin nos fastes Anciens
Marquent pour le plus doux, & plus grād de nos biens,
C'est donc toy qui formé d'une éternelle essence
Prens d'un Pere Eternel incessamment naissance,
Et qui pour appaiser son terrible courroux,
Vient aussi naistre Enfant, & mortel comme nous.
C'est donc toy S. Enfant, dont une Vierge est Mere,
Qui de Dieu des humains es devenu leur frere,
Et qui viens accomplir cét Oracle si doux
D'un Dieu qui pour s'unir, & vivre avecque nous,
Prend pour son lieu natal la plus petite ville.
Qui t'oblige à descendre en nos maisons d'argile ?
A changer aujourd'huy ton thrône paternel,
Pour le lieu le plus bas du Monde criminel :
A quiter les Palais de ton brillant Royaume,
Pour nos maisons de boüe, & pour nos toits de chaume.
Donc apres tant de vœux, apres tant de soûpirs,
Nous contemplons en toy l'objet de nos desirs.
Enfant pour qui les Rois de ta Nation sainte,
Ont languy si long-temps d'une amoureuse atteinte.
Donc, ô grand Roy du Monde, & grand Prestre des
Qui dépoüilles ta gloire, & t'offres à nos yeux, [Cieux
Il faloit, pour former tes grandes destinées,
Le long écoulement de quatre mille années.
Mais que dois-je penser, ou que dire de toy,
En qui l'on void un Dieu, Prestre, Prophete & Roy ?
De quel nom aujourd'huy faut-il que je te nomme ?
Ton visage est humain, ta voix n'est que d'un homme,
Mais tout le reste enfin que je vois en ce lieu,
Me dit, n'en doute point, Mortel, voila ton Dieu.
Ne voit-on pas le Ciel te rendre ses hommages ;
Les Anges t'aplaudir par leurs divins suffrages.

Une Etoile nouvelle étale sa clarté,
Comme un nouveau flambeau de ta Divinité.
Cét Aftre plus heureux que tous les autres Aftres,
Prefage affurément la fin de nos defaftres,
Et d'un cours écarté des celeftes flambeaux,
Eft un guide plus feur vers des objets plus beaux.
Ces trois Mages fçavans qui virent fa lumiere
Sur cét humble féjour arrefter fa carriere,
Ont affez reconnu qu'un guide fi certain,
Annonçoit aux Mortels ton merveilleux deftin.
Le Ciel fait fur la Terre éclater cent miracles
Qui fur fon divin fort forment autant d'Oracles.
Une Vierge feconde, & pure en même temps,
A conceu ce cher fruict qui rend nos vœux contens,
Cette fleur ne pert point fes graces immortelles,
L'Efprit Saint l'ombrageant de fes divines aifles,
Dont il fit au Chaos enfanter l'Univers,
Et produire au neant fes miracles divers.
Un Fils de Dieu formé d'une mortelle effence,
Et les Cieux fur la terre annoncent ta Puiffance.
Mais quoy ! peux-tu defcendre en ces terreftres lieux?
Quel affez digne objet y peut plaire à tes yeux ?
N'eft-ce point mal-ufer de tes faveurs infignes,
Que de les profaner à des fujets indignes ?
Jufte Dieu ! quel excez, quel tranfport, quel ardeur
Pour obfcurcir ta Gloire, abaiffe ta Grandeur ?
Par quels efforts l'Amour en te livrant la guerre
T'a t'il pû furmonter, & te porter par terre ?
Et t'oppofant pour nous à ton Pere Eternel,
T'oblige à foutenir un party criminel ?
Quoy donc, en ma faveur ta bonté te furmonte,
Tu fais toute ma gloire, & je caufe ta honte ?

Quoy ! pour l'amour de moy tu ne dédaignes pas
De naiftre dans le fort du Monde le plus bas,
Et fous le fimple toiét d'une loge groffiere ?
Quoy ! Fils de Dieu, pour moy qui ne fuis que pouffiere
Tu te fers d'une Vierge à ce fameux deffein,
Et te caches neuf mois dans l'ombre de fon fein ?
Pour moy, qui l'auroit cru ? ta gloire eft fi flétrie,
Que tu ne peux trouver dans ta propre Patrie,
Ce trifte privilege acquis aux mal-heureux,
D'une jufte pitié qui nous parle pour eux.
Tes propres Citoyens, ô barbarie honteufe,
Regardent fierement ta peine rigoureufe,
T'expofent en naiffant aux injures des airs,
T'obligent à coucher la nuiét dans les defers,
Dans une fombre Eftable, en une Creche dure,
Qui n'a rien d'un berceau que la feule figure.
Lors que je pris naiffance au milieu des troupeaux,
J'eftois envelopé dans de meilleurs drapeaux,
Eft-ce qu'eftant Pafteur tu dois fi peu paroiftre ?
Ou que dans un Eftable un Agneau deuoit naiftre ?
Mais d'où vient, ô mon Dieu, que je te fois fi cher,
Que tu te daignes faire, & mes os, & ma chair ?
Que tu portes de moy la taille & le vifage,
Te couvres de ma peau, te rendes mon image ?
Que tu daignes unir par d'étranges accords
A ton Eftre infiny de fi foibles dehors ;
Mais dans un appareil dont la rigueur te brave,
Où le Maiftre du Monde a le fort d'un efclave,
Où fa gloire eft ternie, & fes divins appas
Deftinez à mourir par un fanglant trépas ;
Enfin dans vn eftat fi contraire à ton eftre,
Qu'à peine l'œil mortel te peut croire mon Maiftre :

                                        Tu

Tu m'es pourtant femblable, & me reffembles mieux
Que tous ces Rois mortels qui s'eftiment des Dieux,
Tu conduis comme moy des brebis dans le monde,
Sur le bord des ruiffeaux, à la fraîcheur de l'onde.
Tu produis fous leurs pas des herbes, & des fleurs,
Tu fçais les garantir des mortelles chaleurs.
Sur la moindre brebis tes foins veulent s'étendre,
Tu la mets dans ton fein lors qu'elle eft foible, & tédre,
Medecin de fes maux, dans fon infirmité;
Avec un art divin tu luy rends la fanté.
Et les loups raviffans y perdant leur furie,
Par toy font écartez loin de la Bergerie.
Nous même tes Pafteurs, nous fommes tes troupeaux,
Tu daignes nous conduire aux immortelles eaux,
Tu daignes nous nourrir en ton fein, à ta table,
Et par un trait d'amour qui n'a point de femblable,
De Pafteur des Pafteurs qui nous gouvernes tous,
Tu deviens & Pafteur, & Brebis comme nous.
Mais c'eft trop peu pour toy de prendre en nos miferes
Les foins que nous rendons à nos brebis plus cheres,
Tu fais plus, & l'amour te va percer le flanc,
Afin de nous nourrir, & laver de ton Sang,
Dont la vertu divine a le faint privilege
De nous rendre plus blancs, & plus purs que la neige.
    Que te rendray-je, ô Dieu, pour tes rares bienfaits,
Je te rendray les dons que toy-même m'as faits.
Je ne te rendray pas de l'or, ou des richeffes,
Puisque ma pauvreté me deffend ces largeffes.
Je ne te feray pas dans mes vœux impuiffans,
Diftiler de la myrrhe, ou fumer de l'encens.
Le Soleil d'Orient dont les clartez fans nombre
Ont peine auprès de toy de paffer pour ton ombre,

H

T'en doit faire un hommage, & te doit presenter
De ces biens que ta main a daigné luy prester.
Mon sort pour m'acquiter de tes faveurs, si grandes
Ne m'a point partagé de ces riches offrandes.
Je ne t'offriray rien pour des biens si touchans,
Que ceux que ta bonté nous offre dans nos champs,
Nos fruits nos seuls tresors, ce doux prix de nos peines,
Dont ta main enrichit nos côtaux, & nos plaines,
Nos festins naturels, & le lait, & le miel si
Sont les biens que je dois, & que je rends au Ciel.
Mais quand le doux Printemps rajeunissant l'année
D'une moisson de fleurs la rendra couronnée,
Cueillant à pleines mains dans nos champs embellis
Et l'humble violette, & le superbe lys ;
Et la Reyne des fleurs, & l'aymable hyacinthe,
J'en feray pour ta teste une couronne sainte :
J'étendray sous tes pieds des rameaux, & des fleurs,
Avec leurs doux parfums, & leurs vives couleurs.
Pour toy vulgairement naistront les belles choses,
L'amome en toutes parts fera croistre ses roses.
Le baume distillant de son tendre arbrisseau,
Par ses rares odeurs remplira ton berceau.
Le thym se dérobant au larcin des abeilles,
Viendra rendre un hommage à tes saintes merveilles,
Le persil consacré pour les victorieux,
Estant mis sous tes pieds sera plus glorieux,
Et la fleur du Soleil, & le fameux Narcisse
N'offriront leurs beautez qu'au Soleil de Justice.
La casse parfumée au saffran jaunissant
Unira son odeur, pour plaire au Dieu naissant.
Enfin je répandray d'un cœur plein d'allegresse,
Les honneurs du Printemps, & toute sa richesse,

M'eftimant trop heureux de confacrer mes biens,
Afin d'en honorer l'Autheur dont je les tiens.
De tant de belles fleurs que ton Soleil me donne
J'en formeray ta couche, ayant fait ta couronne ;
Au lieu de cette paille, & de ce peu de foin,
Où l'on te void coucher avec fi peu de foin,
Je veux te faire alors d'une main plus contente,
Une couche de fleurs propre, douce, odorante,
Et qui n'aura pas moins fes brillans precieux,
Que les lits inventez d'un luxe curieux,
Dont l'art ne faifant rien qu'imiter la Nature,
N'aura des fleurs du tien que la feule peinture.
    Cependant, cher Enfant, Autheur de mes plaifirs,
Daigne accorder ce bien à mes ardens defirs,
Que d'entrer dans mon cœur, d'en occuper la place ;
Si c'eft trop pour mes vœux, c'eft trop peu pour ta
    grace.
Je fçay bien qu'ayant pris mon cœur pour loge-
    ment
Tu n'auras que changé d'étable feulement ;
Que ce méchant logis, il faut que je l'avouë,
Eft auffi tout remply de foüillure & de boüe.
Mais Seigneur, fi ton cœur eft fi tendre, & fi doux,
Ne permettra-t'il point que mon cœur foit jaloux.
L'unique ambition qui luy fait quelque breche,
Eft de porter envie à ton indigne Creche.
Car enfin fi nos cœurs ne font pas moins impurs,
Si ce font des rochers qui foient encor plus durs.
Toutesfois tu fçais bien, ô fource de la Vie,
Si tu daignes enfin contenter noftre envie,
Qu'entrant dans ces rochers ils feront ranimez,
Que des torrens de pleurs en feront exprimez,

Et que leur dureté convertie en conftançe
Sera toûjours foûmife à ton obeïffance.
Viens-y donc, ô Seigneur, achever mon deffein,
Puis qu'un celefte feu vient m'embrafer le fein.
Que je fens dans mon cœûr, cêt Autel de mon ame,
Que la fecrette ardeur d'une divine flâme,
Y fait un facrifice, & que déja je fens
Confumer l'holocaufte, & fumer de l'encens.
Que pourrois-tu Seigneur, attendre de femblable,
De l'indigne féjour de ta chetive Eftable.
Vien doncques dans ton Temple, & n'aye aucune
            horreur,
Couvert de noftre chair, d'entrer dans noftre cœur.
Mon Dieu, n'eft-il pas vray que mon cœur eft ton
            Temple,
Permets donc, ô grand Dieu, qu'enfin je t'y contemple.
Là je pourray t'offrir de plus riches prefens
Que ceux que les Saifons me donnent tous les ans.
Là tu recevras l'Or d'une foy toute entiere,
La Myrrhe de mes pleurs, l'Encens de ma prieré.
Mais ce cœur eft auffi ton jardin pretieux,
Où tu peux recueillir des fruits delicieux,
Si ta divine main le cultive elle-méme,
Y femant tes vertus par ta grace fupréme.
Sois donc à moy, Seigneur, & que je fois à toy,
Que je fois en toy-méme, & que tu fois en moy.
Fay que pour contenter le feu qui me devore,
J'aye au fond de mon cœur un objet que j'adore,
Que t'ayant dans mon fein, & dans tous mes regards,
Mon corps comme mon cœur te porte en toutes parts,
Que dans tes actions fans ceffe je contemple,
Ta grace, & ta douceur, & leur unique exemple,

Le modelle accomply de mon humilité :
Le gage plus certain de ma felicité :
Le celeste trefor des graces éternelles :
La honte des méchans, la gloire des fideiles :
Le triomphe immortel des vices abatus,
Et le regne parfait de toutes les Vertus.
Fay qu'enfin si ce cœur a dans son premier âge,
Adoré ses Tyrans, chery son efclavage ;
Au lieu d'eftre foûmis aux loix de ton amour,
Changeant de fervitude en ce bien-heureux jour,
Les reftes ménagez d'une vie innocente,
Faffent de ton fujet, ton image vivante.
  Mais ayant pour le Fils achevé ces propos,
J'euffe adreffé ma voix à la Mere en ces mots.
  O Vierge glorieufe, & Mere fortunée,
Qui pourroit exprimer ta grande deftinée.
Ornement de ton fexe, honneur de l'Univers,
Chef-d'œuvre compofé de miracles divers ;
Vierge fi chere aux yeux du Monarque fuprême,
Qu'apres t'avoir formée, il fe forme en toy-même :
Seule Vierge en l'honneur de la Maternité,
Seule Mere en l'honneur de la Virginité.
Le Fils du Dieu vivant eft ton Fils, & ton Pere,
Et ce Fils eftant Dieu t'a choifi pour fa Mere,
Et t'a donné le droict de porter en tout lieu,
L'incomparable nom de Mere de ton Dieu,
Violant faintement les loix de la Nature,
Pour conferver ta grace, & ta gloire fi pure.
Bel arbre de la Terre, où le Ciel fe produit,
Où l'on void tout enfemble, & la fleur & le fruit ,
La fleur de l'innocence, & le fruit de la vie,
Qui par le premier crime avoit efté ravie.

Principe fortuné qui fais ton Createur :
Ouvrage bien-heureux qui produits ton Autheur :.
Prodige , mais charmant , ſurpriſe de noſtre Age :.
Dont le ſalut du Monde eſt l'éternel ouvrage.
Dans le ſiecle à venir un zele officieux
Te donnera le nom de la Reyne des Cieux ;
Et l'on ne verra rien qui ſoit plus venerable ,
J'excepte ſeulement ton Fils incomparable.
Et cependant à peine un ſi rare bon-heur ,
Te peut faire ſouffrir d'en recevoir l'honneur.
Sainte Mere de Dieu l'honneur dont tu te vantes ,
C'eſt de porter le nom d'une de ſes Servantes.
C'eſt de luy rendre hommage , & de t'humilier ,
D'eſtre objet de ſa grace , & de la publier :
C'eſt d'adorer ce Fils , & c'eſt de reconnoiſtre
Ce Fils qui t'eſt ſujet pour ton Pere & ton Maiſtre.
Juſte Dieu ! quels eſtoient les divers mouvemens
Qui partageoient alors tes tendres ſentimens ,
Quand l'excez de la joye , & celuy de la crainte
Formoient en même temps ta loüange , & ta plainte ,
Lors qu'avec ce cher Fils il te ſalut chercher
Un miſerable azile au creux de ce rocher ,
Lors que tu contemplois cette grace divine
Par qui Dieu prend de toy ſa ſeconde origine ;
Et ſauvant par ton Fils les œuvres de ſes mains
Te rend l'organe heureux du ſalut des humains.
Ton cœur ravy des biens que le Ciel nous envoye
Ne pouvoit contenir la grandeur de ta joye.
Tes yeux ſans ſe laſſer de voir ce Dieu mortel ,
Luy preſentoient ton cœur pour l'Epie , & pour Autel.
Quand ton ſein eut produit cet objet de ta flame ,
Tu le portois encor dans le ſein de ton ame ,

Et tes mains l'embraſſant auſſi bien que ta foy,
Le ſouhaittoient toûjours, encor qu'il fuſt dans toy,
Ny les ſiecles paſſez, ny la ſuite des Ages
N'ont veu, ny ne verrônt de pareils avantages,
Ny nê poſſederont un ſi riche threſor,
Quand on verroit au Monde un ſecond ſiecle d'or.
Certes bien vainement noſtre premiere Mere,
Qui même avant ſes fils enfanta leur miſere;
Eve porte le nom que ſes fils plus ſçavans
Te donneront pluſtoſt de Mere des vivans,
Et ne doit comparer ſa gloire avec ta gloire,
Qu'afin de te ceder l'honneur de la victoire.
C'eſt toy qui reparaiſt les breches que ſa main
Fit par un coup fatal à tout le genre humain,
Et repouſſant la mort dans ſa nuict plus profonde,
En ton fils rends la vie, & la lumiere au Monde.
Que ne te dois-je donc pour des biens ſi charmans ?
Et n'eſt-ce pas le moins pour mes reſſentimens,
Que de te publier en mon ame ravie,
Mere du Dieu vivant, & ſource de la vie.
   Mais je crains que ma voix trahiſſant mon ardeur
Par de foibles diſcours n'offenſe ta grandeur.
Qui pourroit dignement étaler ces merveilles,
Qui conſommeſt l'effort des plus illuſtres veilles.
Quand tous ces beaux Eſprits, ces fameux enchanteurs,
Dont l'Empereur Auguſte a fait tant de flatteurs,
En propoſant des prix à leurs divins genies,
Pouſſeroient à l'envy leurs doctes harmonies,
Pour former ton Eloge, épuiſant leurs eſprits,
Ils en ravaleroient l'ineſtimable prix.
Tous les Siecles ſuivans te diront bien-heureuſe,
Et la Poſterité ſe rendant amoureuſe

De tes rares vertus, de tes celestes dons,
Attachera son zele à former tes grands noms
Nos lyres, & nos voix, & nos chansons rustiques.
Celebreront toûjours tes graces magnifiques.
Mais toutes nos chansons, nos lyres, & nos voix
Unissant leurs concers aux Echos de nos bois,
Ne sçauroient exprimer tes divines loüanges,
Quand les Esprits des Saints, & les troupes des Anges,
Une seconde fois prés de nous s'approchans,
Joindroient leurs saints accords à nos rustiques châts,
Et que, pour consacrer ton auguste memoire,
De l'honneur de ton Fils ils tireroient ta Gloire.
Grande Mere de Dieu dont les flancs precieux,
Plus remplis de clartez que les voûtes des Cieux,
Ont servy de séjour au Maistre du Tonnerre,
Et l'ont rendu paisible, & charmant à la Terre.
Quel Sexe, quels Humains, quelle Posterité
Peut dérober ta Gloire à l'Immortalité ?
Ah ! si quelque ame lâche, impie, ou déreglée,
Témoignoit sur ce poinct sa fureur aveuglée,
Que le Ciel fasse voir ces monstres abatus
De qui le sacrilege attaque tes vertus :
Dont l'erreur temeraire, ou la brutale envie
Oseroit offencer une si belle vie,
Refusant d'avoüer que ton divin amour,
Est plus pur que les feux du bel Astre du jour,
Et que tous les rayons de la belle Planette
Qui paroist dans les nuits, & si claire, si nette.
O Vierge, honneur du monde, & miracle des Cieux,
Qui n'ont point d'habitans si grands, & si glorieux,
Ny de si haut degré, de si rare avantage,
Dont la gloire ne cede à ton heureux partage,

Le Seigneur avec toy, demeurant, & dans toy,
Y porte la lumiere, & la vie avec soy.
Avec toy le salut, & dans toy, fait un Temple,
D'un ouvrage si grand qu'il n'eut jamais d'exemple.
Digne sang des grands Rois qui sont Dieux icy bas,
Dont un Dieu tire un sang si pur, si plein d'appas.
Heureuses mille fois tes celestes entrailles
Qui servant de prison au grand Dieu des batailles
Nous produisent enfin ce fruict de nos souhaits,
Que le Dieu de la guerre, est fait Dieu de la Paix,
Que sa main contre nous a perdu son Tonnerre,
Et que le Ciel enfin est vaincu par la Terre.
     C'est ainsi que mon cœur d'un saint zele enflammé
Sur ce divin sujet se seroit exprimé,
Par les simples accords de ma douce musette,
Exhalant les ardeurs de ma flame secrette.
Ah! si le juste Ciel plus propice à mes vœux
M'eust donné la naissance en ce temps bienheureux :
Si j'eusse par les airs d'une muse champestre,
Pû calmer les ennuis de mon souverain Maistre,
Ou si sans trop oser pour ce Dieu sans pareil,
Il m'eut esté permis d'exciter son sommeil,
Approchant seulement ce berceau venerable,
Pour toucher de main cét Enfant adorable,
D'un cœur plein de transport, d'un zele ambitieux,
J'eusse creu justement d'atteindre jusqu'aux Cieux.
Mais ma voix est trop rude, & la Creche est trop dure
Pour causer du repos au Dieu de la Nature,
Il faut les saints Esprits, & leurs divins accens,
Dont l'appas invincible enchante tous les sens.
Tous ces vœux superflus dans mes tristes années,
Ne sçauroient rappeller ces belles destinées.

Mon sort pour me garder toute sa cruauté,
De cét Age de fer a pris la dureté.
Que feray-je, Seigneur, dans cét estat funeste,
J'imploreray ta grace au moment qui me reste,
Permets ma délivrance, & que ton Serviteur,
L'ouvrage de ta main retourne à son Autheur :
Que ma voix impuissante à chanter tes loüanges,
En recouvre la force au concert des saints Anges.
Arrache-moy du Monde, ô Toutpuissant vainqueur,
Toy qui m'as fait bannir le Monde de mon cœur.
Tire moy de la Terre, & de sa nuit épaisse,
Je commence à partir par ma propre foiblesse,
Mon corps tombe, & mon ame est preste à s'enwoler,
Elle attend le signal, & tu n'as qu'à parler.
Je commence à devoir mon salut à ma peine,
Mon esprit, & mon corps brisent déja leur chaîne.
Un seul mot de ta grace acheve leur effort,
Et m'assure ta gloire, en me donnant la mort.
Mais si c'est trop, Seigneur, pour ma fidelle envie,
S'il faut encor ramper, souffrir encôr la vie.
Permets du moins, Seigneur, que marchant sur tes pas,
Je puisse t'aprocher même avant mon trépas.
Que si je ne suis pas un Pasteur Bethlémite,
J'en puisse avoir le cœur, le zele & la conduite :
Que sans m'inquieter des changemens divers,
Dont la vicissitude agite l'Univers,
Sans me former des soins, & sans me mettre en peine
Des mouvemens du Tybre, & de la Cour Romaine,
Quels alarmes pareils en un semblable sort,
Estonnent le Danube, & les Peuples du Nort,
Et sur qui doit tomber l'éclat de la vengeance,
D'un bras victorieux, & d'un foudre en balance,

Mon ame inaccessible aux plus affreux hazards,
Oublie également, & Romains, & Cesars,
Vuide de tous objets, si ce n'est de toy-même,
En crainte seulement de ta grandeur suprême,
Toute pleine de toy, pleine de ton amour,
Dans un repos pareil au champestre séjour;
Au prix de ta faveur, en cette paix profonde,
Estimant moins que rien tout le reste du Monde.
Ah! qui seroit le cœur qui ne seroit jaloux
De posseder des biens si charmans, & si doux?
Qu'elle ame ne doit estre, & contente, & ravie
De ce prix innocent d'une innocente vie?
Sainte fille du Ciel, heureuse pauvreté,
Trop inconnu present de la Divinité:
Contente de toy-même, & ta propre maistresse,
Qui perdant tes faux biens, gardes ton allegresses:
Objet du choix de Dieu, ton partage est divin,
Et ta sainte richesse est sans borne, & sans fin.
Le Ciel en écartant le Monde, & ses épines,
Te cache à leur fureur sous tes propres ruïnes,
Et l'esprit affranchy vole plus aisément,
Et du creux des rochers atteint au Firmament.
Libre des biens trompeurs où nostre ame attachée
Icy bas en son vol est toûjours empeschée,
Tu touches à ton Dieu, tu t'aproches du port,
Et rends même le Ciel amoureux de ton sort.
Si l'amour de ton Dieu t'y porte sur ses aisles,
Il descend dans ton sein par ses graces fidelles,
Par un heureux commerce en ce jour glorieux,
Les Cieux sont à la Terre, & la Terre est aux Cieux
Qui rendent tes enfans dans leurs bandes rustiques,
Compagnons glorieux des troupes Angeliques,

Qui feroit maintenant le cœur si déreglé ,
L'ennemy de foy-même , & l'esprit aveuglé ,
Qui fuiroit ce bon-heur , ces divines merveilles ?
Qui ne l'acheteroit par de penibles veilles ?
Qui ne voudroit souffrir les injures des airs ,
*Les horreurs des frimats , les rigueurs des hyvers ?
Pour veiller avec Dieu , parler avec ses Anges ,
Au silence des nuicts entonner ses loüanges ,
Voir ses ombres ceder aux divines clartez ,
Et s'enflammer le cœur des celestes beautez ?
Qui fuiroit de marcher dans des chemins de glace ,
D'y courir nuit & jour pour remporter sa grace ?
Qui n'estimeroit pas un assez digne prix
L'honneur d'oüir les chants des celestes Esprits ,
Et de trouver au bout de sa course fidele ,
Le berceau triomphant d'un Dieu qui nous appelle ?
    C'est-là que je serois trop consent de bannir
Tous les autres objets hors de mon souvenir ,
Mon plus rare sçavoir tout le fruit de mes peines ,
Tout ce que nous devons à la Cité d'Athenes ;
Tout ce qu'on a receu de l'Empire Latin ,
Et de Solyme encor par un meilleur destin.
Toute mon Eloquence , & ma Philosophie ,
A mon juste desir mon cœur vous sacrifie.
Et tout ce que leur force , & leurs appas divers
Ont eu de plus heureux pour plaire à l'Univers.
Perissent tous les fruicts de toute mon étude ;
J'y consens sans regret , & sans inquietude ,
Pourveu que je puisse estre un de ces bons Pasteurs ,
Non pas pour m'attirer un monde d'Auditeurs ,
Ou pour en exciter de ces vaines fumées
Dont les vains Orateurs ont leurs ames charmées ,

                                        En

En charmant à leur tour les esprits, & les yeux,
Mais pour estre moy-mesme un auditeur des Cieux,
Et pour y contempler ces mysteres estranges,
Dont le Temple est un chap, les Ministres des Anges,
Le sanctuaire un Autre, où dans l'obscurité,
Comme en son lieu tres-saint Dieu cache sa clarté.
Mais ce coin de la Terre où Dieu se manifeste,
Contient seul beaucoup plus que la voute celeste
Icy la verité sans temple, & sans maison,
S'enseigne dans le creux d'une obscure prison.
Un Enfant foible, & nud qui ne vient que de naistre,
En est le grand Docteur, & l'infaillible Maistre.
Cét Enfant qui parut le Maistre des Docteurs,
Confondant le sçavoir des plus fins Seducteurs,
M'ouvre un auguste chap de ses plus grands mysteres,
Dans le silence heureux de ces bois solitaires.
La seule verité qu'un mortel doit sçavoir,
Paroissant toute nuë a bien plus de pouvoir,
Et ce Maistre pleurant dans ses sçavantes larmes,
Pour convaincre les cœurs à d'invincibles armes.
O foiblesse puissante, incomparables pleurs,
Qui causez nostre joye, & charmiez nos douleurs.
C'est bien avec raison que les disciples chantent,
Puis que c'est par ces pleurs que leurs plaisirs augmen-
O favorable Ecole où le Maistre aujourd'huy [tent.
Pleure pour le Disciple, & se punit pour luy.
Je n'ay plus d'autre objet, ny plus d'autre pensée,
L'Estable est mon Escole, & son champ mon Lycée,
Et cét Astre nouveau que sur toy nous voyons
Augmente mes clartez par de nouveaux rayons.
Pour moy tout est lumiere en cette grotte obscure,
Et mon ame eclairée y void sa nourriture,

Dans la Verité même aprenant à ma foy,
Les bontez de mon Dieu, les graces de mon Roy.
A travers ces haillons du Monarque du monde,
Je découvre un threſor d'humilité profonde.
Je figure en mon cœur ſes langes, ſes drapeaux,
Envelopans un Dieu qui vient guerir mes maux,
Comme un juſte volume où je lis des merveilles,
Dont Platon le ſublime en ſes plus doctes veilles,
Encor qu'il ait porté le ſurnom de divin,
N'a jamais découvert le ſujet, ny la fin.
Et ſon plus grand Diſciple, & toute ſa ſcience,
N'en ont jamais connu ſeulement l'apparence.
Grande Iſle de Samos, ton fameux nourriſſon
N'a jamais enſeigné de ſi docte leçon,
Ny ton ſage voiſin Hymette renommée,
Encor que ſa vertu juſtement eſtimée,
L'obligeaſt d'avoüer ce qu'il ſçavoit ſi bien,
Que tout ce qu'il ſçavoit, eſt qu'il ne ſçavoit rien,
Luy qui fit le premier deſcendre la ſageſſe,
Du Ciel où preſidoit cette divine hoſteſſe.
  Philoſophes dont l'Ame eſtoit la vanité,
Que vous eſtiez bien loin de tant d'humilité,
Lorsqu'ayant du mépris pour ce grand Sacrifice,
Cette ſainte vertu ne vous ſembloit qu'un vice.
Ou ſi voſtre raiſon dans vos plus grands mal-heurs,
Vous en avoit donné quelques foibles couleurs,
Vos ſuperbes diſcours faiſoient aſſez connoiſtre,
Qu'un orgueil invincible eſtoit toûjours le maiſtre.
Vos cœurs pouvoient braver l'effort des conquerans,
Mais le faſte, & l'orgueil en eſtoient les Tyrans.
Cét Enfant en naiſſant Maiſtre de la Nature,
M'aprend une vertu plus ſolide, & plus pure,

Puis que pour imiter cét humble triomphant,
L'homme comme son Dieu se doit faire un Enfant.
Cét Enfant dont la force, & la grace infinie,
Conduisent tous les Cieux dans leur douce harmonie;
Dont la puissante main balance ces grands corps,
Et du moindre signal regle tous leurs accords,
Inspire mieux ma Muse, & fait part à ma Lyre,
De quelques doux accens de son celeste Empire.
Je veux donc à luy seul l'Autheur de mon salut,
Consacrer pour jamais & ma lyre, & mon luc;
Ne les faire parler sinon de ses loüanges:
Commencer icy bas l'exercice des Anges,
Luy consacrer le feu qu'il inspire à mes vers,
Et ne chanter que luy dans tout cét Univers.
C'est assez soupiré pour la gloire passée:
C'est assez pour la Terre occupé ma pensée.
Il est temps desormais de ne l'entretenir
Que du solide éclat de la Gloire à venir.
Il est temps de borner ces vaines esperances,
Dont le Monde trompeur n'a que les apparences,
Dans cét Antre où mon Dieu s'enfermât aujourd'huy.
Je dois pour l'imiter m'enfermer avec luy.
C'est l'Antre du vray Dieu qui rend les vrais Oracles;
Uiens y donc, ô mon ame, adorer ses miracles,
Dans un champ plus étroit, & moins ambitieux,
Ou plûtost dans le champ de la gloire des Cieux,
Dans une ambition plus vaste, & plus contente,
Vien augmenter tes vœux, & remplir ton attente.
C'est assez vivre au Monde, & trop long-temps ravir
Ma vie à ce vray Dieu que seul je veux servir.
Laissons donc là le Monde, & vivons à nous mémes,
Ou plûtost ne vivons qu'à ses bontez suprémes,

Et dans l'espoir d'un bien si charmant, & si doux,
Pour ne vivre qu'à Dieu, cessons de vivre à nous.
Trompeur espoir du Monde, inquietudes, craintes,
Loüanges des Mortels veritables, ou feintes,
Vains applaudissemens, murmures superflus,
Retirez-vous de moy, je ne vous connois plus.
O Muses autrefois l'objet de mes caresses,
Cherchez d'autres esprits pour vous rendre maîtresses.
Appollon, & Parnasse, idoles des vieux temps,
Vous ne possedez point la gloire où je pretens.
Enchanté des douceurs d'une trompeuse amorce,
Je n'ay pû jusqu'icy faire avec vous divorce;
Mais puis que vous flattez des objets criminels,
Je dis à vos plaisirs des adieux éternels.
Assez, & trop long-temps les beaux arts, & l'étude,
Ont esté nos amours, & nostre inquietude,
Dans l'ingrate recherche, & les soins curieux
De voir la verité qui n'est que dans les Cieux,
Et qui ne donne icy nulle autre connoissance,
Sinon que nostre esprit connoist son ignorance,
Et reçoit seulement cet innocent plaisir,
D'appeller son étude un honneste loisir.
Il est vray que souvent nos bonnes destinées,
Par des prix glorieux ont esté couronnées,
Soit lors que tant de fois chez les Belges fameux
Qui captivent la mer, & ses flots écumeux,
Nous avons celebré les victoires des Princes,
La gloire, & l'ornement de leurs riches Provinces:
Les exploits éclatans de ces fameux Heros,
Qui par tant de combats ont causé leur repos,
Lors que le sang d'Autriche enflé de ses conquestes,
En voyant sur luy-mesme éclater ses tempestes,

Fut contraint de changer ſes orgueilleux projets,
Traittant de Souverains ceux qu'il croit ſes ſujets.
Et ma Muſe eſtalant une ſi haute gloire,
Fut par eux applaudie en ſon chant de victoire,
Soft lors, ô grand S. Marc, que chantant tes guerriers
Qui juſques ſur les flots moiſſonnent des lauriers :
J'admiray ces Heros qui dans leur guerre ſainte
Contre un cruel Tyran repouſſent ſon atteinte :
Font voir à l'Univers ton lyon plus puiſſant
Imprimer l'épouvante aux forces du Croiſſant,
Aller juſqu'à ſa porte, & d'une illuſtre audace,
Triompher ſi ſouvent du Demon de la Thrace,
L'enchaiſner dans ſon Trône en maiſtre de ſon fort,
Et luy porter la foudre, & le nauffrage au Port.
Les Péres de ta ſage, & grande Republique,
Honorerent mes Vers d'un preſent magnifique,
Non des fragiles fleurs dont ſur le double Mont,
Les Enfans des neuf Sœurs ſe couronnent le front,
Où de ces vains lauriers dont au iour de leur Feſte,
Une gloire ſterile environne leur teſte ;
Mais de l'utile éclat d'une chaîne où reluit,
Le plus riche metal que Phœbus nous produit,
Quoy que fort rarement ſes foreſts adorées,
Facent fleurir pour nous de ces branches dorées.
N'avons nous pas ailleurs d'une plus forte voix,
Combatu pour le Trône, & la gloire des Rois,
Contre les attentats de ces monſtres rebelles,
Dont l'Enfer a produit les races infidelles :
Cette hydre renaiſſante en dragons noirs, & vains,
Qui conſomment la haine, & l'horreur des humains
Qui ſemblent acclablez par un juſte Tonnerre,
En rebuts de l'Enfer accourues ſur la Terre,

Et leurs chefs abbatus par d'augustes travaux ,
Produire inceſſamment mille monſtres nouveaux ;
Ce funeſte Ocean , cette Terre coupable
Des tragiques fureurs dont ſon peuple eſt capable ,
Où des bourreaux cruels , des Demons furieux ,
Oſent tréper leurs mains dans le ſang de leurs Dieux :
Ces reſtes des Titans , qui du ſein de la poudre ,
S'élevant tous les jours bravent encor la foudre :
Ces Eſprits forcenez de qui les cruautez ,
Ne pardonnent pas même à leurs divinitez :
Ces ſujets erigez en Tyrans des Monarques ,
Qui du courroux du Ciel ont ſenty tant de marques.
C'eſt en vain que l'on croit qu'ils ont un Ciel ſi doux ,
Que leur heureux Climat ny nourrit point de loups.
Eux-mêmes ſont les loups , qui dans la Bergerie ,
Juſques ſur leurs Paſteurs exercent leur furie.
Sujets dénaturez , leurs propres ennemis ,
Ne pouvant vivre en paix , ny libres , ny ſoûmis :
Indignes de porter le joug de ces bons Princes ,
Plûtoſt Peres trop doux , que Rois de leurs Provinces,
Mais ſur tout de celuy qui par tant de biens-faits
Combat inceſſamment l'horreur de leurs forfaits ,
Avec quelle faveur dont la gloire nous touche ,
O France , a-t'il receu tes accens par ma bouche ?
Lors qu'elle a devant luy porté plus d'une fois ,
Les Oracles ſacrez du Souverain des Rois ,
Que daignant agréer cette épreuve legere
Du ſaint culte annoncé d'une voix étrangere ,
Sa main victorieuſe en ſon adverſité ,
Receut mon humble hommage avec tant de bonté.
   Que reſte-t'il apres cette gloire éclatante ,
Pour rendre enfin mon Ame, & tranquile, & contente,

Sinon que je travaille à ne partager plus,
Entre le Monde, & moy mille soins superflus,
Que je fasse ma paix, & ne cherche la guerre,
Que pour rompre le nœud qui m'attache à la Terre;
Que je sois tout à moy, pour n'estre qu'à mon Dieu,
Et que cachant ma vie en un paisible lieu,
Elle soit à Dieu seul tellement attachée.
Qu'elle n'en soit jamais par le Monde arrachée.
Que mon cœur tant de fois par ce Monde surpris,
Méprise également sa gloire & son mépris :
Que sans courir apres cette vaine fumée,
Qui forme tout le corps de nostre renommée,
Et sans déconcerter ma raison, & mes sens,
Je fasse mes plaisirs de mes soins innocens :
Qu'embrassant à souhait ma chere solitude,
J'y sois avec Dieu seul, Dieu seul soit mon étude :
Qu'à l'abry de l'envie en ce calme affermy,
L'obscurité me couvre aux traits d'un ennemy,
La fuite des honneurs y soit ma récompense,
Et l'outrage oublié soit toute ma veangence.
    La faveur des mortels, leurs applaudissemens
Né corrompront jamais ces justes sentimens.
A peine l'heur de plaire aux puissances suprêmes
Me semble comparable à ces douceurs extrêmes :
A la possession d'une felicité,
Où regne le silence, & la tranquillité :
Où Dieu regne luy même en cet état paisible,
Rendant à nos esprits sa grace plus sensible,
Et remplit tellement les cœurs de ses sujets,
Qu'il n'y laisse aucun lieu pour les autres objets,
Pour les pompeux brillans des aveugles manies,
Qui causent aux mortels des douleurs infinies.

Toutefois un defir, dans ce jufte deffein,
Pour le Monde, & la Terre enflâme encor mon fein.
Tout mon cœur en reffent une amoureufe atteinte,
Mais d'un Monde Chreftien, & d'une Terre fainte
Ce cœur fi rebuté des troubles d'icy-bas,
Demande encor pour eux la guerre, & les combats.
C'eft pour toy, Bethléem, que cette ardeur me touche,
Pour te voir délivrer de ton Tyran farouche,
Et plût au jufte Ciel d'ajoûter, à mes jours
Le feul Temps de chanter l'Autheur de ton fecours,
Quand un augufte Prince excitant dans fon ame
Les fecrets mouvemens d'une divine flâme,
Juftement indigné de te voir dans les fers,
Punira ton Tyran aux yeux de l'Univers,
Sur fon trône abbatu dreffera fes trophées,
Fera voir la fureur, & la rage étouffées,
Et fous le digne Chef des Heros couronnez,
Traifner pompeufement tes vainqueurs enchaifnez.
   Alors d'un zele ardent dont mon ame preffée,
Sent déja par avance échauffer ma penfée,
Pour immortalifer de fi fameux exploits,
Je reprendray ma lyre, & luy rendray la voix,
Je ne combatray point la douce violence,
Qui m'ôtera du calme, & rompra mon filence.
Ma main avec plaifir fera parler mon lut,
Pour célebrer encor le Dieu de mon falut,
N'ayant qu'un même objet dans un fi jufte hommage,
D'éternifer fa gloire en fa vivante image.
C'eft alors qu'à l'envy les immortelles fœurs
Faifant oüir par tout leurs charmantes douceurs,
Ce glorieux Vainqueur porté par fa victoire,
Dans un double Triomphe, au Temple de Memoire,

Recevra pour le prix de ses faits éclatans,
Le Triomphe immortel des hommes, & des temps.
  Qui sera ce Heros, ou ce Dieu de la Terre,
Qui contre ton Tyran doit declarer la guerre?
Aimable Bethléem, ta gloire, & ton repos,
Sont attachez au sort du plus grands des Heros.
Il faut pour triomphér du Tyran de l'Aurore,
Ce grand Astre des Rois que l'Occident adore.
Il faut pour t'arracher de ses barbares mains,
Le bras victorieux du plus grands des humains:
Du Prince que le Ciel a fait naistre à la France,
Au plus haut ascendant d'une heureuse influence,
Et qui pour effacer l'infidelle Croissant,
Est tout plein des rayons du Soleil tout-puissant.
Il faut pour rétablir ta gloire sans seconde,
Un Dieu donné du Ciel pour le bon-heur du Monde.
Pour estre le secours des Peuples soupirans,
L'invincible vangeur des superbes Tyrans,
L'amour de ses sujets, l'éclat du Diadème,
Un Dieu donné de Dieu, pour l'honneur de Dieu même.
Les Peuples lay donnant & leur voix, & leur cœur,
Triomphent sous le joug d'un si noble vainqueur.
Par son unique amour leurs ames enchaînées,
Dans de si beaux liens ayment leurs destinées,
Et par un zele ardent de vivre sous ses loix,
S'estiment glorieux sous le plus grands des Rois.
Mais son cœur heroïque, & son Ame si grande,
N'ont rien qui les maistrise, & rien qui leur commande,
Il est seul Roy par tout, & ce grand Dieu-donné
Ignore comme un Roy peut estre gouverné.
Il fait plus, & son ame estant sa propre Reyne,
Est aussi dans l'Estat l'unique Souveraine.

Uniffant dans foy-même, en de juftes accords,
L'Empire du dedans, & celuy du dehors.
Cette ame incomparable, éclatante, & folide,
Elle même eft fa loy, fon exemple & fon guide.
Roy modelle des Rois, Heros miraculeux,
Surpaffant en effet les Heros fabuleux :
Hercule des François que tout le Monde admire,
Qui foûtient fans Atlas le faix de fon Empire :
Qui peut en abbatant ton Tyran odieux,
Soûtenir tout enfemble, & la Terre, & les Cieux :
Et par une vertu d'une force fuprême
Suffit à tout le Monde, & fuffit à foy-même.
Il fçait cét admirable, & divin Potentat,
Qu'il ne faut qu'une main au Timon de l'Eftat,
Qu'un premier favory par un fuccez finiftre,
Eft fouvent Roy du Roy, fous le nom du Miniftre :
Que le Sceptre commis dans les mains d'un fujet,
Y devient le flambeau d'un fuperbe projet,
Et qu'un Roy fans fecond par ces vifibles marques
Eft le plus vif tableau du Maiftre des Monarques.
   Mais c'eft encor trop peu pour cét augufte Roy,
De regner luy tout feul fur l'Eftat, & fur foy.
Cette ame infatigable, & cét efprit fublime,
Se plaift dans les travaux, loin d'eftre leur victime,
Et fans peine occupée a cent travaux divers,
Paroift bien deftinée à regir l'Univers.
Sa haute fermeté dans une paix profonde,
Ne pert point le repos en le donnant au Monde.
Sa grande Ame eft un Ciel, un vafte Firmament,
Qui d'un ferme repos conduit fon mouvement,
Et la tranquilité de cette Ame divine,
Montre à tout l'Univers fa fuprême origine :

Son Esprit agissant ne s'agite jamais,
Et comme Dieu meut tout au milieu de sa paix.
  Aussi par son grand nom l'Othoman s'intimide
Ce nom qui fait trembler les colomnes d'Alcide,
Va jusqu'en Orient, & devançant son bras,
Y porte dans les cœurs la guerre, & les combats,
Et d'un bruit plus puissant que le bruit du Tonnerre,
Fait trembler l'Univers jusqu'aux bouts de la Terre.
Ne daigne donc, grand Prince, au païs des Romains,
Exercer vainement tes triomphantes mains.
Laisse trembler toûjours leurs Alpes étonnées,
Et va porter plus loin tes grandes destinées.
Rome pour son apuy n'ayant plus de Cesars,
N'offre point à ton bras d'assez fameux hazards.
Ce n'est plus cette Rome, & si forte & si brave,
Qui tenoit dans ses fers tout l'Univers esclave :
Cette Rome si digne, en ses premiers exploits,
De tenter la valeur de nos premiers Gaulois,
Et qui te preferant à ses plus grands exemples,
A ta valeur divine eut élevé des Temples.
Elle ne produit plus de ces premiers enfans,
Qui furent autrefois si grands, si triomphans.
Elle n'a dans son sein que des enfans timides,
Qui n'ont plus leurs Ayeux, & leur Gloire pour guides.
Ils ont pourtant ce fruit de leur indignité,
Qu'ils ne meritent pas que tu sois irrité.
De si foibles enfans d'Ayeux si magnanimes,
Ne sont pas dignes d'estre au rang de tes victimes.
Je les tiens plus punis de leurs ressentimens,
Qu'ils ne le seroient pas des plus cruels tourmens.
Ils sont trop malheureux d'avoir pû te deplaire,
D'exciter ton mépris, plûtost que ta colere.

Laiſſe-les donc languir aux pieds de leurs Autels,
Pour confeſſer leur crime au Roy des Immortels.
Que leur Rome échapée à ta juſte vengeance,
Obtienne ſon pardon de ta noble indulgence :
Qu'elle face fumer en repos ſon encens,
Et que pouſſant au Ciel ſes plus pieux accens,
Elle chante, plûtoſt que de verſer des larmes,
De ſe voir expoſée aux mortelles alarmes,
Et reconnoiſſe au moins par un juſte devoir,
Que ſa propre impuiſſance aſſure ſon pouvoir.
  Mais pour toy, grād Heros, Ame au deſſus de l'hōme,
Un plus beau champ de Mars eſt dans une autre Rome,
Ua vaincre cette Rome, où le grand Conſtantin
Unit l'Empire Grec à l'Empire Latin.
Ua genereux Vainqueur des guerres étouffées,
Sur les murs de Bizance arborer tes trophées.
Apres avoir remply nos deſirs de la Paix,
Donne encos cette guerre à nos juſtes ſouhaits :
Aux vœux de l'Orient de qui la voix t'appelle,
Pour abattre l'orgueil de l'Empire Infidelle.
On verra la victoire accompagner tes pas,
La fortune du Monde attachée à ton bras.
Le ſeul Oracle vray de tous ſes faux Prophetes,
Au cœur de ſes Tyrans commence leurs défaites,
Et les Peuples Chreſtiens dans les fers ſoupirans
N'attendent que ton bras pour punir leurs Tyrans,
Jugeant que de ta main doit partir cette foudre,
Dont ſes monſtres frapez ſeront reduits en poudre.
Mais leur celeſte Chef qui porte auſſi leurs fers,
T'appelle à le vanger de tant de maux ſoufferts.
C'eſt le Sang de ton Dieu, grand Roy, qui te demande,
Et te promet luy-même une gloire ſi grande.

La

La voix d'un Dieu naiffant demande fon berceau,
Et la voix d'un Dieu mort l'honneur de fon tombeau.
  O quand luira fur nous cette heureufe journée,
Qu'à de fi grands fuccez le Ciel a deftinée,
Quand de faints mouvemës fe rendront les vainqueurs
De ce zele emporté qui déchire les cœurs :
Qui remplit les efprits de fanglantes images :
Qui penfant aimer Dieu, le hait dans fes ouvrages,
Et d'un pretexte vain du culte des Autels,
Sacrifie au Demon dans les cœurs des Mortels :
Quand une jufte haine, une horreur legitime,
Qui de ce fier Tyran doit faire fa victime,
Reproduira l'amour dans les cœurs abufez,
Que l'amour du Ciel même à long-temps divifez.
Heureufe averfion, fureur fainte, & fidelle,
Qui fe doit immoler la fureur criminelle !
Cét ennemy commun les rendant tous amis,
Fera plus que le Ciel qui les fit ennemis,
Et par cette union aimable, & falutaire,
Ce que l'amour d'un Dieu n'a pas encor pû faire.
O Ciel, ne verrons nous jamais cét heureux jour,
Où les Chreftiens captifs des feuls liens d'amour,
D'une fi douce chaîne affemblant leurs Provinces,
Tout le Monde Chreftien, fes Sujets, & fes Princes,
Le plus fameux Heros de tous les Potentats,
De fon augufte Tefte animant tant de bras,
D'un front victorieux, d'une fainte allegreffe,
Ira planter la Croix dans le fein de la Grece,
Jufqu'aux bords du Jourdain dreffer fes pavillons,
Et jufques dans Memphis pouffer fes bataillons.
Le Roy du Tage armé pour la fainte querelle,
De fes plus grands guerriers fecondera fon zele,

K

Reconnoissant alors comme il fait aujourd'huy,
Que pour estre puissant il faut s'unir à luy.
Ce Prince genereux dont le front s'environne
Des rayons éclatans d'une triple couronne,
Sur la Terre, & sur l'Onde, en tous les champs de Mars
Fera pompeusement flotter ses estandards.
Mille autres Alliez s'interessant encore,
Suivront ce grand Monarque, aux climats de l'Aurore,
Aspirant à l'honneur de le voir triompher,
Et replanter la Croix à la pointe du fer.
Mais sur tout, la vaillante, & sage Republique,
Qui depuis si long-temps sur l'Onde Adriatique,
Triomphe du Croissant, & dans toute saison,
D'un Cercle de vaisseaux luy fait une prison,
La fameuse Venise en son zele animée,
Aux flottes de mon Prince unissant son armée,
L'Orient verra fondre en un si grand soûtien,
Dans l'Empire Othoman tout le Monde Chrestien.
  Glorieuse entreprise, aimable, & juste guerre !
A qui sont attachez les destins de la Terre,
Te pourroit-on commettre en de meilleurs mains,
Q'en te donnant pour Chef l'honneur des Souverains :
Ce Pere du Païs où le Ciel l'a fait naistre,
Qui sans estre né Roy, meriteroit de l'estre :
Cét Ange tutelaire, inébranlable appuy
Des peuples opprimez qui recourent à luy :
Ce Roy dont la vertu n'eut jamais de seconde :
Ce juste étonnement de la France & du Monde :
Le plus grands des Heros, des Rois, des Demidieux
Qui commence à passer l'éclat de ses Ayeux.
Cét Ayeul si fameux qui contre tous obstacles,
Prouva qu'il estoit Roy par cent, & cent miracles,

Apres mille combats couronna ses hauts faits,
Et leur cours éclatant par une heureuse Paix:
Mais ce Fils dont la gloire, & la vertu parfaite
Semblent s'estre rendu la fortune sujette,
Commence son triomphe, au lieu de le borner,
Par où ce grand Ayeul l'avoit veu couronner.
Cét Hercule au berceau plus craint que le Tonnerre,
Commença d'étouffer les Monstres de la guerre,
Et par un grand progrez de succez éclatans,
Vainquit la Guerre mesme en ses plus jeunes ans.
Ce Prince tout couvert de splendeur, & de gloire,
Qui triomphoit par tout sur un char de Victoire,
Et ternissant l'éclat des plus fameux Guerriers,
Fit croistre sous ses pas des forests de lauriers.
Quoy que dans le beau feu d'une ardente jeunesse,
Son cœur tout enflamé de l'ardeur qui le presse,
Eut veu de sous costez, sous l'effort de son bras,
Son Empire augmenté par de nouveaux estats,
Qu'il eut veu la Victoire apportant sur ses aisles,
Tous les jours dans sa main des conquestes nouvelles,
Et qu'il ne trouvoit rien sous la voute des Cieux
Capable d'arrester son bras victorieux:
Quoy que pour luy l'honneur eut tous les mesmes charmes
Que son cœur soupira pour la gloire des armes,
Il rend la Paix au Monde, & ce fameux Vainqueur
Reserve seulement les combats dans son cœur.
Il arme contre luy sa sagesse profonde,
Pour se donner la Paix qu'il a donnée au Monde,
Et surpasser encor tous ses exploits divers,
Surmontant dans luy seul plus que tout l'Univers.
Sa Victoire le suit, elle entre dans luy-mesme,
Et le fait triompher de sa valeur extrême.

Il fait taire en son cœur ses genereux soûpirs,
Triomphe de soy-même, étouffe ses desirs.
Ainsi loin de borner le cours de sa Victoire,
Par un plus grand Triomphe au Temple de Memoire,
En vainquant tous les jours ses plus vastes souhaits,
Comme au reste du Monde, il se donne la Paix.
Il est Roy de soy-même, ainsi qu'en son Empire,
Et son ame, & son cœur font tout ce qu'il desire.
Ce Heros élevé par ses grands sentimens
Ne laisse rien de l'homme en tous ses mouvemens :
Ce Maistre de son sort, & du sort de la Terre,
Cét Astre de la Paix, ce foudre de la Guerre,
Ce Dieu visible même-mesme dessus des Heros,
Sçait dispenser par tous la Guerre, & le repos.
Apres tant de moissons, de lauriers, & de palmes,
Il rend ses passions, & ses Provinces calmes.
Loin d'aimer les lauriers pour l'éclat, & le bruit,
Son but est que la Paix en soit toûjours le fruit.
La generosité dont il s'est environné
Veut aussi qu'à son tour l'Olive le couronne,
Et ses lauriers croissans avec trop de succez,
L'Olive qu'il y mesle son regle les excez.
Il cherit seulement la gloire sans seconde
D'estre le Protecteur, & l'Arbitre du Monde.
Justement rigoureux à l'injuste fierté,
Il confond les Tyrans, & l'infidelité.
Aux Peuples alliez, ou dans l'obeïssance :
Il est l'Equité même, & la même Clemence,
La seule humilité le peut persuader ;
Et quand l'on le veut vaincre on n'a qu'à luy ceder.
La Justice en sa bouche explique ses Oracles,
La valeur par son bras enfante ses Miracles.

Il est l'amour des bons, la terreur des pervers,
La Merveilles des Rois, & de tout l'Univers.
  Grand Roy qui fais regner la Paix, & la Victoire.
Que reste-t-il encor pour achever ta gloire
Dont l'Eternité vaste, & l'immense Avenir
N'obscurfiront jamais l'auguste souvenir.
Pour consacrer l'honneur que le Ciel te destine,
Aux Temples eternels de la gloire divine,
Pour remplir ces grands noms, & ces titres pompeux,
D'un Dieu-donné du Ciel par miracle à nos vœux,
De Roy victorieux, de Prince pacifique,
Et ce titre si grand qu'il passe l'Heroïque,
Que tu tiens de ce nom au dessus de tous noms,
De ce grand nom de Christ l'Auteur de tous tes dons.
Grand Roy pour accomplir un si divin augure,
Ouvre-toy le beau champ d'une sainte avanture,
Et servant à son nom d'invincible soûtien,
Remply par dessus tous le nom de Tres-Chrestien.
Prince, l'amour du Ciel, & la gloire du Monde,
Va par tout triomphant sur la Terre & sur l'Onde
Accabler sous l'effort de tes coups éclatans,
L'insolence, & l'orgueil des profanes Sultans.
D'un pas victorieux, suivy de tes Armées,
Va signaler ton bras aux pleines Idumées.
Fay par tout arborer l'étendard de la Croix,
Ce Trophée immortel du Roy qui fait les Rois.
Rend à des lieux si saints leurs plus charmans spectacles
Ses Temples profanez témoins de tes miracles :
Ce berceau tout ensemble indigne & glorieux
Des plus tendres accens du Monarque des Cieux :
Ce Tombeau si fameux, où sa vertu suprême,
Dans le champ de la Mort, surmonta la Mort même.

Grand Prince dont la Vie éclate de ſplendeur,
Par l'intereſt d'un Dieu, ſuy ton illuſtre ardeur.
Soleil des Nations dans ta belle carriere,
Obſcurcy le Croiſſant, efface ſa lumiere.
Fay que dans ſes faux jours ſes feux enſevelis,
Tes rayons en tous lieux faſſent croiſtre tes Lys.
Avec Mars au Printemps ſurmonte ſon Aurore,
Pour rendre hommage au Dieu que ta lumiere adore.
L'aimable Paleſtine avec tous ſes lauriers
Promet de couronner le front de tes Guerriers.
Le Jourdain s'éjoüit, & ſes rives plus calmes
Tendant leurs bras captifs te preſentent leurs palmes,
Ses monts ſemblent de joye agiter leurs coupeaux,
Le Carmel treſſaillant voit bondir ſes Troupeaux,
On diroit que la Mer accoure ſur ſon rivage,
Côme au devant de toy pour te mieux rendre hômage.
Mais Babylone tremble au bruit de tes exploits
Son Euphrate murmure, & redoute tes Joix.
Et ce fleuve exerçant l'office de la muë,
Dont l'onde eſt ſi fameuſe, & la ſource inconnuë,
Le Nil épouvanté ſemble cacher ſon corps,
Au Tonnerre qui gronde, & menace ſes bords.
La charmante Sion dans les fers, & les geſnes,
Par un ſi doux eſpoir fait treve avec ſes peines,
Semble élever ſa teſte attendant ton ſecours,
Et regardant le Ciel luy tenir ce diſcours.
,,Enfin voicy le jour où par un ſort plus juſte,
,,Le Monde peut revoir l'heureux regne d'Auguſte,
,,Un nouveau ſiecle d'or nous ramene la Paix,
,,Et nos felicitez paſſeront nos ſouhaits.
Tous les celeſtes chœurs de la troupe Angelique
Recommencent au Ciel leur celebre Cantique.

,,Gloire foit dans les Cieux au Monarque des Rois
,,La Paix foit à la Terre, & luy donne fes Loix.
Enfin le grand Pafteur du Ciel, & de la Terre,
Qui conduira tes pas dans cette illuftre guerre;
De fon Trône celefte envoyant fes regards
Sur fa Croix triomphante en tes faints étendards :
Contant de voir unis dans fa fainte Patrie,
Tant de divers troupeaux en une Bergerie,
Où fon culte détruit, fes lieux faints démolis,
Son berceau méprifé, fes honneurs abolis,
Verront, au chaftiment d'une infidelle engeance
Faire un beau facrifice à leur jufte vengeance :
Ce Dieu qui ta rendu par tant d'exploits divers,
Un miracle vifible à tout cét Univers,
En te faifant marcher de victoire en victoire,
Jufqu'au plus haut degré du Trône de la Gloire,
Aura pour fon Païs conquis en ces bas lieux,
Une nouvelle joye en l'Empire des Cieux.

F I N.

A MONSIEVR
MORVS,
SVR SON POEME
DE LA NAISSANCE
DE IESVS-CHRIST.
SONNET.

VOVS voulez falüer aveque les Pafteurs,
  La Mère de Jesus au lieu de fa naiffance,
Vous qui nous defendez d'invoquer fa puiffance,
Et condamnez la Foy de fes bons Serviteurs.

  Vous voulez que le Roy foit de fes Protecteurs,
Et qu'il faffe à la Croix prefter obeïffance,
Vous qui blâmez fon culte & fuyez fa prefence,
Et qu'on voit au party de fes perfecuteurs.

  Une de vos Brebis autrefois égarée,
Et de voftre bercail maintenant feparée,
Vous offre cét avis plein de zele & de foy;

  Croyez, Sçavant MORVS, ce que l'Eglife enfeigne,
Et fi vous voulez fuivre & Jesus & le Roy,
Profeffez leur Doctrine & portez leur Enfeigne.

RÉPONSE.

OVY, je veux falüer aveque les Pasteurs
La Mere de JESUS au lieu de sa naissance;
Mais du seul Fils de Dieu j'invoque la puissance,
Ainsi qu'ont toûjours fait les vrais Adorateurs.

Oüy, je souhaite au Roy qu'éloignant les flateurs
De tous nos differens il prenne connoissance,
Par la Loy des Chrestiens, la Croix & la souffrance,
Et qu'il juge entre nous & nos persecuteurs.

Mal-heureuse Brebis, lâchement égarée,
Et du petit troupeau sans raison separée,
Recevez cét avis plein de zele & de foy;

Croyez mieux qu'autrefois ce que le Ciel enseigne;
Ne craignant que Dieu seul, mais honorant le Roy;
JESUS soit vôtre Amour, & la Croix vôtre Enseigne.

CPSIA information can be obtained at www.ICGtesting.com
Printed in the USA
LVOW11*1610121113

361032LV00016B/927/P